Shelley Bovey

Und plötzlich sind sie flügge

HERDER spektrum

Band 4724

Das Buch

Plötzlich ist das Haus leer; fast von einem Tag auf den anderen sind die Kinder fertig mit der Schule, der Lehre oder Ausbildung und verlassen das Nest. Zurück bleiben oft Mütter, die sich einen Alltag ohne Kinder nicht mehr vorstellen können. Erfahrungen anderer können dabei von unschätzbarem Wert sein. Schon allein zu erfahren, daß sie mit ihrem Schmerz nicht alleine ist und sie sich dessen auch nicht zu schämen brauchen, ist für viele Mütter in dieser Situation sehr tröstlich und hilfreich. Die Leserin erfährt aber auch, welche Wege andere Mütter gefunden haben, um mit dieser Krisensituation fertigzuwerden. Die Erfahrung, daß Abschiednehmen im Leben immer auch Chancen für einen Neubeginn öffnet, wird hier in vielen Varianten vorgeführt und macht es der Leserin leichter, den Auszug der Kinder zu verschmerzen und positiv zu verarbeiten. Ein Rollenwechsel, bei dem sie sich zunächst auf der Verliererseite gesehen hatte, läßt sich die Frau danach als Gewinnerin fühlen. – Ein packendes Buch, das allen Betroffenen Trost vermittelt und Mut macht.

Die Autorin

Shelley Bovey, in Wales geboren, wo es noch engere familiäre Bindungen gibt; widmet sich heute als freie Journalistin und Buchautorin den psychischen Belangen des menschlichen Lebens und wohnt zusammen mit ihrem Mann in der Nähe von London.

Shelley Bovey

Und plötzlich sind sie flügge

Wie es Müttern geht, wenn die Kinder das Haus verlassen

Herder

Freiburg · Basel · Wien

Originaltitel: „The Empty Nest", erschienen bei Pandora, London 1995

Übersetzt aus dem Englischen von Ulrike Müller-Kasper

Gedruckt auf umweltfreundlichem,
chlorfrei gebleichtem Papier

Herstellung: Freiburger Graphische Betriebe 2000
Umschlaggestaltung und Konzeption:
R · M · E München / Roland Eschlbeck, Liana Tuchel
Umschlagmotiv: © Premium Stock Photography GmbH
ISBN 3-451-04724-1

Einzig Konflikte unseres Herzens sind es wert,
daß man darüber schreibt.
William Faulkner

Meinen Kindern Jane, Lindsay und Alex,
die mich lehrten, zu lieben und loszulassen

Inhalt

Vorwort und Danksagungen

Sobald wir schwanger werden, geben wir dem Schicksal eine Geisel in die Hand, denn nichts macht uns so verwundbar wie unsere Kinder. Ein Kind auszutragen und zu gebären birgt in sich die Möglichkeit, es auch zu verlieren; jede schwangere Frau kennt die Angst vor einer Fehlgeburt, Frühgeburt, Totgeburt oder Behinderung des Kindes; jede Mutter sieht instinktiv bei ihrem schlafenden Kind nach, ob es noch atmet, und kennt die lähmende Furcht, wenn es einen Moment lang scheint, als atme es nicht mehr. Wenn Kinder aufwachsen, bereitet uns ihre Gesundheit und Sicherheit beständig Sorgen, und wir kümmern uns um sie und schützen sie vor allem möglichen Kummer, bis sie sich für unabhängige Erwachsene erklären und aus dem Haus gehen. Und dann können wir sie nicht länger schützen oder den Lauf ihrer Handlungen lenken. Wir müssen sie gehen lassen, damit sie ihr eigenes Leben leben können, während in unserem Leben ein neuer Abschnitt beginnt. Dies ist die Zeit, in der so viele Frauen sich überflüssig und leer fühlen, eine Erfahrung, die als »Leeres-Nest-Syndrom« bezeichnet wird.
Als ich gebeten wurde, ein Buch darüber zu schreiben, war dieser Ausdruck bei mir leicht negativ besetzt, verbunden mit der unterschwelligen Ansicht, daß Frauen arme Wesen sind, deren Hauptaufgabe im Leben vorbei ist, wenn sie gleichzeitig die Mitte des Lebens, die Menopause und den Auszug der Kinder erleben. Doch zum »leeren Nest« gehörte für mich noch mehr; es steckt fraglos mehr dahinter, so dachte ich, als zu gebären und 20 Jahre später auf Wiedersehen zu sagen. Ich glaube, diese Zeit ist ein wesentlicher Teil des Lebens und der Entwicklung von Frauen, ein Übergangsritus, der von der Gesellschaft weitgehend unerkannt blieb, und ich wollte herausfinden, wie er andere Frauen betraf. Ich hatte den Auszug mei-

ner eigenen Kinder als katastrophal erlebt und stellte fest, daß es Hunderten anderen Frauen aller Schichten und Kulturen ganz genau so ging. Während der Recherche für dieses Buch, als ich mit vielen Frauen sprach und Briefe und Berichte von vielen weiteren bekam, lernte ich, daß dies eine Zeit des Trauerns ist, in der der Verlust zugegeben und verarbeitet werden muß. Wenn wir diesen Prozeß zulassen, kann dies auch eine aufregende Übergangszeit, eine Zeit des Wachsens und der neuen Möglichkeiten werden. Der Rollenwechsel von der aktiven zur passiven Mutter kann ein Kampf werden, in uns und auch mit unseren Kindern, wenn sie ihr Recht auf Unabhängigkeit einfordern, doch ich habe festgestellt, daß wir letzten Endes nichts verlieren. Im Gegenteil, wir gewinnen sehr viel, und ich bin dankbar für alles, was ich im Kontakt mit anderen Frauen und beim Schreiben dieses Buches gelernt habe.

Ich möchte gern den vielen Frauen, deren Zahl zu groß ist, als daß sie hier einzeln genannt werden könnten, dafür danken, daß sie so großzügig und offen ihre Geschichte erzählt haben; oft war es schmerzhaft und erforderte viel Mut, ihre Gefühle auszudrücken und zu verstehen.

Elizabeth Keogh von der Universität Sussex verdanke ich wertvolle Recherchen der wissenschaftlichen Literatur über das »Leeres-Nest-Syndrom«. Ich danke ihr, daß sie dafür ihre Arbeit unterbrochen hat. Zum Schluß kamen wir beide überein, daß sich die vorhandene Literatur als zu widersprüchlich erwies, um irgendwelche Schlußfolgerungen zuzulassen. Erstaunlicherweise ist dies ein Gebiet, das Psychologen und Soziologen weitgehend ignorieren, zumindest auf dem Papier. Glücklicherweise stand mir das Wissen dreier Personen zur Verfügung, die Erfahrungen aus erster Hand mit Frauen in dieser Phase des Lebens hatten; ich danke Marion Davidson, Tirril Harris von der Universität London und Hugh Jenkins vom Institut für Familientherapie.

Das Schreiben dieses Buches wurde von einer längeren Krankheit unterbrochen, und ich bin Dr. Peter Nixon und Dr. Carole Rushford für ihre Pflege in dieser Zeit zu Dank verpflichtet. Dr. Nixons Bild des »Dieners« bewahrte mich vor dem Verzweifeln, als ich unter einer krankheitsbedingten totalen Schreibblockade litt.

Dieses Buch war nicht leicht zu schreiben, und ich hätte es ohne viel Hilfe und Unterstützung nicht geschafft. Diese kamen aus verschiedenen Richtungen, und viel Dank schulde ich:

Der Gruppe – Tessa Warburg, Janet Laurence, Shirley Toulson und Patricia Pitt. Den Freunden, die mich aufmunterten – Christina Scott-Montcrieff und Richard Masters, Carol Cox, Gabrielle Palmer, Annette Shaw, Geraldine Kew und Helen Kendall. Helen danke ich auch für die vielen Originalbeiträge zu diesem Manuskript.

Und meiner Familie. Mein Mann Alistair blieb ganz ruhig und kochte in den letzten hektischen Wochen vor dem Abgabetermin das Mittagessen. Er glaubte fest an dieses Buch. Meine Töchter Jane und Lindsay gaben mir von Amerika und der Sussex University aus jeweils viel wertvolles Feedback und halfen mir, die Situation von der anderen Seite aus zu betrachten, indem sie mir zeigten, daß ihr Gehen keinen Verlust bedeutete. Mein Sohn Alex war eine unverzichtbare Hilfe und wunderbar geduldig. Nachdem er mich in die neunziger Jahre herübergeholt und mir den Umgang mit dem PC beigebracht hatte, war er nicht darauf gefaßt, daß ich die gesamte Länge dieses Buches brauchen würde, um damit zurecht zu kommen, und er bewahrte mich mehrfach vor Katastrophen. Ohne ihn wäre dieses Buch schon mehrmals vom Computer geschluckt worden.

Schließlich vielen Dank an meine Lektorin Belinda Budge für ihre über das Berufliche hinausgehende Hingabe und Unterstützung, und an meine wunderbare Agentin Serafina Clarke.

Prolog

Juni 1993

Es war heiß, brütend heiß. Ich stand in der Küche und machte für zwölf Personen Mittagessen. Vegetarische Lasagne kommt bei den meisten Jugendlichen gut an. Am Küchentisch bereitete meine Freundin Gill eine riesige Schüssel Salat zu. Wir arbeiteten friedlich schweigend und horchten auf das ständige Auf und Ab der jungen Stimmen, spürten die Energie, die durch das Haus pulsierte, lächelten uns bei manchen Gesprächsfetzen auch an. Meine achtzehnjährige Tochter und ihre Freunde wollten für fünf Tage zum alljährlichen Glastonbury Festival fahren, und die Aufregung war groß.

Der Himmel hatte jenes hochsommerliche wolkenlose klare Blau, und die Sonne brannte. Alle Türen standen offen, und braune Glieder und helle Kleidungsstücke blitzten vorüber, wenn die jungen Leute vorübergingen und ihre hoffnungslos zerbeulten alten Autos mit Zelten, Lebensmitteln und Kochausrüstung beluden. Sie schienen das einzig Lebendige weit und breit zu sein, alles andere ringsum atmete die besondere träge und stille Ruhe sehr heißer Tage. Ihre Stimmen schnitten in die Stille, klangen klar um das Haus und den Garten herum und weiter in die umliegenden Hügel hinaus.

Das Mittagessen rund um unseren großen Tisch war erfüllt von aufgeregtem Geschnatter.

> Wie viele T-Shirts brauchen wir? ... Und wenn es regnet? ... Haben wir genug Klopapier eingepackt? ... Wo soll ich mein Geld sicher verstauen? ... Ich brauche einen Spiegel, hat irgendwer einen Spiegel mit? ... Quatsch, wozu brauchst du einen Spiegel bei einem Popfestival?

Es kam zu hektischen Telefonaten, um in letzter Minute mit Freunden Treffpunkte zu vereinbaren.

Matt kann erst morgen kommen. Bist du da, Mutti, können wir seine Karte hier lassen? ... Was ist, wenn du nicht da bist, wenn er kommt? Soll ich sie in einen Blumentopf stecken? ... Nein, kein Blumentopf, denn was ist, wenn es regnet? ... Sie kann einen Stein darauf legen ... Oder steck sie doch ...

Sie wollten auf dem Festival arbeiten und in dem riesigen Gelände auch zelten. Es gab komplizierte Diskussionen darüber, wieviel Essen mitgenommen werden mußte, wer mit welchem Auto fahren sollte, wer mit wem das Zelt teilte und ob sie genug Eintrittskarten hätten. Nach dem Essen kochten sie eine große Kanne Tee und trugen sie in den Garten, wo sie sich braungebrannt und mit nackten Armen im Kreis auf den Rasen setzten. Ich wollte dieses Bild aufnehmen, wie um es für immer festzuhalten.
Plötzlich standen sie auf, wie ein Schwarm riesiger heller Vögel, und brachen auf. Sie schnappten sich ihre Taschen und ihre Ausstattung, verstauten sie und sich selbst in unmöglich kleinen Autos und brausten davon, mit lauten Abschiedsrufen, winkten aus den Fenstern und lehnten sich in der Kurve hinaus. Und wir riefen zurück: »Macht's gut! Viel Spaß!«
Gill und ich trugen unseren Tee zu einer Bank im Schatten. Die Hitze war mörderisch, und die plötzliche Stille kam lastend, fast bedrückend. Man hätte sie friedlich nennen können, doch ich fühlte mich, als habe der Tag seine Lebenskraft verloren. Wir saßen eine Weile schweigend da, dann wandte Gill sich zu mir.
»Ich beneide dich«, sagte sie. »Mir war nicht bewußt, wie sehr ich all dies vermißt habe.« Gills drei Töchter sind Mitte Zwanzig und bereits seit mehreren Jahren aus dem Haus. Sie dachte, sie habe sich an das Leben ohne ihre Kinder gewöhnt, doch dieser Tag bei mir rührte in ihr recht schmerzhafte Erinnerungen auf.

Juli 1994
Ich sitze auf einer Bank im Schatten des Holunderbaumes, in

meiner Hand ein Buch, neben mir eine Tasse Tee, und höre auf die Stille. Meine jüngere Tochter ist nun 19 und studiert seit einem Jahr. Sie ist ausgezogen. Ihr kahles Zimmer zeugt davon, kein Durcheinander mehr, keine Pflanzen und keine bunten Stoffe. Es sieht unbewohnt aus, und das ist es auch. So ist es, wenn sie ausziehen. Ich habe zwei leere, saubere Zimmer im Haus.

Meine ältere Tochter ist 22 und bereits seit vier Jahren fort. Sie war drei Jahre davon in Amerika. Von ihr mußte ich lernen, wie unsinnig es ist, vorgefaßte Ideen über die eigenen Kinder zu haben. Im ersten Jahr arbeitete sie in Amerika im Rahmen eines kulturellen Austauschprogramms als Kindermädchen. Ich unterstützte sie dabei. Ich half ihr beim Ausfüllen ihres Bewerbungsformulars – sie scheute sich, ihre Qualitäten und Fähigkeiten auszubreiten –, doch das war ihre erste Lektion darin, sich selbst in einer Welt des Wettbewerbs zu verkaufen. Nicht jedes Mädchen, das sich um die Aufnahme in dieses Programm bewarb, würde genommen werden, und sie wünschte sich diese Gelegenheit so sehr.

Sie beendete die Schule und wartete auf die Mitteilung, ob sie einer amerikanischen Familie zugeteilt worden sei. Im August besuchten wir Freunde in Cambridge und hinterließen deren Nummer auf unserem Anrufbeantworter für den Fall, daß inzwischen der ersehnte Anruf aus Amerika käme, doch das schien langsam unwahrscheinlich zu werden. Die meisten Bewerber hatten ihren Platz bereits im Mai oder Juni erhalten. Eines Nachmittags fuhren wir nach Ely, und ich ging mit meiner jüngeren Tochter in eine Geschenkboutique. Spontan kaufte ich einen Teddy, ein albernes, kuschliges Geschöpf, das ein weißes Taschentuch hielt, auf dem in Rot stand: »Du fehlst mir.« Jener Nachmittag in Ely hat sich mir mit der unvergeßlichen Klarheit wichtiger Tage eingeprägt. Ich war von einer Art Vorahnung erfüllt. Als wir wieder ins Haus kamen, leuchtete das Lämpchen des Anrufbeantworters. Unser Gastgeber sagte: »Ich glaube, ich höre das Band eben schnell ab«, und drückte den Knopf. Eine männliche Stimme mit starkem amerikanischem Akzent tönte in den Raum und bat Jane um ihren Rück-

ruf. Während ich zuhörte, wußte ich tief in meinem Herzen, daß dies der Anfang vom Ende meiner Mutterrolle für mein Kind war.
Sie wollten sie innerhalb einer Woche. Wir brachen unseren Besuch ab und fuhren nach Hause, damit sie alles vorbereiten konnte. Ich war heiter, praktisch, hilfreich. Innerlich fühlte ich mich zerrissen. Dieses Gerade-noch-Schulmädchen, das bis vor kurzem in die vertraute Routine von Nachhausekommen, Teetrinken, Schulaufgaben, Abendessen und Schlafengehen eingebunden war, war jetzt eine Frau, die aus dem Haus gehen und ein ganzes Jahr lang in einer fremden neuen Umgebung leben würde. Ich erinnere mich, daß ich dachte, daß vier Jahreszeiten vergehen würden, ehe ich sie wieder sehen würde, und die Zeit erschien mir noch nie so lang. Doch es war nicht nur die Zeit. Ich verlor mein Kind. Sie würde zurückkommen, aber als ein anderer Mensch, von Menschen und Einflüssen verändert, die nichts mit mir zu tun hatten. Ich würde das Kind Jane nie wieder sehen.
Und so war es. Zunächst zählte ich die Wochen – später, ab der Jahreswende, begann ich mich zu entspannen. Nur noch ein paar Monate, ein paar Wochen – und im September des folgenden Jahres war sie daheim. Von dem Schulmädchen war nichts mehr übrig, sie war dem längst entwachsen und in ungewohnter Weise gebildet. Sie ging auf die Universität, und ich fand dies eine »annehmbare« Art auszuziehen. Später lernte ich, daß wir den Weg unserer Kinder nicht auf der Basis dessen, was für uns bequem ist, beurteilen können. Das klappt nie. Es stellt uns ins Abseits, denn es zeigt, daß wir nicht offen für das sind, was unsere Kinder als unabhängige Wesen zu tun beschließen.
Am Ende ihres ersten Jahres auf der Universität erklärte uns Jane, sie gehe nach Amerika zurück. Sie hatte die Familie dort schrecklich vermißt, sie zog das Leben drüben vor und wollte sehen, ob sie nicht einen Collegeplatz bekommen könnte. Zwei Jahre später fühlt sie sich dort noch immer sehr wohl, ihr Studium macht ihr Spaß, und sie ist glücklich, wieder bei der Familie zu sein. Obgleich wir in regelmäßigem Kontakt ste-

hen, weiß ich nicht, wann oder ob sie jemals zu uns zurückkehrt, aber ich weiß, daß ich keine andere Wahl und keinen Einfluß darauf habe.
Als meine zweite Tochter anfing zu studieren, dachte ich, es werde viel leichter. Es würde schließlich keine langen Trennungen geben, und wir könnten telefonisch in Kontakt bleiben. Sie würde in den Ferien nach Hause kommen, und alles würde so sein, wie es früher war – das Haus voller junger Leute, die Zubereitung von riesigen Mahlzeiten für hungrige Mäuler, das Wohnzimmer voller Jugendlicher in Schlafsäcken, wenn es abends spät geworden war. In den Weihnachtsferien war es auch so ähnlich, und das Haus erschien mir wieder normal. Doch Universität bedeutet neue Freunde, und auch wenn Lindsays Freunde von hier ein Leben lang ihre Freunde bleiben mögen, streben auch sie in neue Richtungen, suchen sich andere Plätze. Hier ist der vertraute Ort, an dem sie aufwuchsen. Jetzt müssen sie über seine vertrauten Grenzen hinausgehen.
Und daher sitze ich diesen Sommer in einem stillen Garten. Wenn ich in mein Auto steige, fahre ich nicht mehr aus der Haut, weil mir die Musik der Kinder um die Ohren bläst, sobald ich die Zündung einschalte. Das Radio bleibt auf meinen Sender eingestellt. Und wieder fühle ich mich durch Erwartungshaltungen ins Abseits gestellt. Ich hatte mich auf die Sommerferien gefreut, doch die Clique, die sich in diesem ersten Jahr an der Sussex University bildete, hat enge Bindungen, und sie wollten den Sommer zusammen verbringen. Daher blieben sie in Brighton, wohnten zusammen, arbeiteten in Hamburger- und Pizzaläden und Geschäften, rannten bei jeder Gelegenheit den Strand entlang, kochten, tranken, lachten und genossen das Leben. Und ich weiß, daß es so richtig ist und so sein sollte.
Doch ich habe die letzte Phase noch vor mir. Mein Sohn ist 16 und noch zu Hause. Ruhiger als Lindsay, lebt er – zumindest bisher – nicht ihr hektisches, von Menschen erfülltes Leben. Die Dynamik innerhalb der Familie hat sich radikal verändert. Er ist jetzt ein Einzelkind, mit aller damit verbundenen Ein-

samkeit, und ich muß darauf achten, mich nicht an ihn zu klammern, an mein letztes Kind. In zwei Jahren geht auch er, und die Phasen der Leerung meines Nestes sind abgeschlossen.

Wenn die Traurigkeit und der Verlust, den ich beim Auszug der Mädchen erlebt habe, ein Maßstab für das sind, was mir noch bevorsteht, dann sollte ich mich bereits jetzt auf den letzten Abschied vorbereiten und nicht warten, bis er mich überfällt.

Eine leichte Brise ist aufgezogen, und im Schatten ist es jetzt kühl. Während ich mein Buch zuklappe und von der Bank aufstehe, höre ich das vertraute Klicken der Gartentür. Es erfüllt mich mit warmer Vorfreude. Mein Sohn kommt von seinem Spaziergang mit dem Hund zurück; wir werden hineingehen, ein paar Minuten miteinander reden, einen Drink machen, vielleicht friedlich über etwas debattieren, ehe er in sein Zimmer geht und ich mich wieder vor den Computer setze.

Doch es wird nicht immer so sein. Bald wird mein Nest wirklich leer sein. Ich denke an den Schmerz und das Gefühl des Verlusts, von dem so viele Frauen sprechen, die mir von ihren Erfahrungen mit dem Auszug ihrer Kinder berichtet haben. In diesem Buch geht es ums Loslassen, um Weiterentwicklung, um den Beginn eines neuen Lebensabschnitts. Doch zunächst müssen Schmerz und Kummer zugelassen werden, müssen sie Raum erhalten, gehört werden. Auch darum geht es in diesem Buch, und erst wenn ich es geschrieben habe, werde ich wissen, wie wir von einem Zustand in den nächsten gelangen. Mit Hilfe der zahlreichen Frauen, die mir von ihren Verlusten berichtet haben, hoffe ich es herauszufinden.

1. Erinnerungen, Gedanken, Träume

In den ersten entscheidenden Lebensjahren erlebt das Kind seine Mutter als allumfassende, schützende, nährende Macht. Mutter ist Nahrung; sie ist Liebe; sie ist Wärme; sie ist Erde. Von ihr geliebt zu werden, bedeutet zu leben, verwurzelt zu sein, zu Hause zu sein.

Erich Fromm

Als ich mein erstes Kind bekam, merkte ich plötzlich, daß diese Art von Liebe anders war als jede andere. Zum ersten Mal spürte ich, daß es jemanden gab, für den ich sterben oder töten könnte, und nie zuvor habe ich für irgend jemanden so empfunden.

Alice Thomas Ellis

Wenn ein Kind geboren wird, reden wir von der Bindung zu ihm, und auf paradoxe Art wird diese Bindung zugleich gelöst, sobald es den Mutterleib verläßt und eine eigene Person wird. Es ist kein Zufall, daß von Erwachsenen, die in unnatürlicher Weise an ihren Eltern hängen, gesagt wird, sie hätten nie die Nabelschnur durchtrennt. Von diesem Moment an beginnen unsere Kinder mit ihrem Streben nach Unabhängigkeit, mit ihren ersten Schritten fort von uns.

Bei uns kommt es so früh nicht dazu, doch Kätzchen sind ein gutes Beispiel. Bei der Geburt blind und hilflos, verbringen sie ihre ersten Tage an ihre Nahrungsquelle gefesselt, doch nach sechs kurzen Wochen sind sie völlig unabhängig. Dazwischen erkunden sie die Außenwelt, zuerst vorsichtig, dann immer mutiger, und allmählich lehnen sie die bremsende Gegenwart ihrer Mutter immer stärker ab, bis sie schließlich nicht einmal mehr in den Karton oder Korb zurückkehren, in dem sie aufgewachsen sind, sondern sich ihren eigenen Platz suchen.

Wenn ein Baby nach dem Löffel greift und versucht, selbst zu essen, wenn es die ersten triumphierenden Schritte unternimmt oder darauf besteht, sich selbst anzuziehen, lange ehe es dazu in der Lage ist, dann bewegt es sich in Richtung auf Autonomie und Individualität. Das zeigt sich so klar in den Wutanfällen der Zweijährigen, die auf die deutlichste Art sagen: »Ich bin ich, und ich will es auf meine Art tun.« Es gibt ungeheure Ähnlichkeiten zwischen diesen Wutanfällen und den rebellischen Phasen und zugeknallten Türen der Teenager. Ihr Bedürfnis, sich als unabhängig von uns darzustellen, können wir in gewisser Weise begreifen, doch der Zweijährige drückt dasselbe Bedürfnis um nichts weniger leidenschaftlich aus.

Wir erkennen das jedoch in dem Alter meist nicht. Wir sehen nicht den Sprung, den unser Kind vom hilflosen Baby zum unabhängigen Kind mit eigenem Willen gemacht hat, und wir schätzen ihn nicht als Teil des Weges fort von uns. Kluge Eltern lassen das Kleinkind mit seiner Kleidung kämpfen und stehen geduldig daneben, während es viel schneller ginge, wenn sie es anziehen würden. »Laß mich! *Ich* will das machen« ist ein Schrei, der in irgendeiner Form in jedem Haus mit einem Kleinkind zu hören ist, und er ist ein Vorläufer des Wunschs des großen Kindes nach endgültiger Unabhängigkeit und Trennung.

In ihrem Buch *Of Woman Born* (Von einer Frau geboren) erkennt Adrienne Rich diese Abspaltung nicht nur als Bedürfnis des Kindes, sondern auch als Bedürfnis der Mutter. Das Baby, so schreibt sie, gewinne sein erstes Gefühl für seine eigene Existenz aus der Reaktion seiner Mutter, die ihm in Berührungen, Gesten und Ausdruck die Botschaft vermittelt: »Du bist da.« Und auch die Mutter entdecke ihr zufolge

> ihre eigene Existenz neu. Sie ist mit diesem anderen Wesen durch höchst profane und unsichtbare Bande verbunden, auf eine Weise, in der sie mit keinem anderen Wesen ver-

bunden sein kann, außer in der Vergangenheit als Kind mit ihrer eigenen Mutter. Und auch sie muß sich aus dieser intensiven Zweierbeziehung befreien und zu einem neuen Verständnis ihres eigenen Selbst kommen.

Die Autorin vergleicht die Intensität dieser Bindung mit dem Geschlechtsakt, und so wie Liebende nach dem Sex auseinandergehen und wieder Einzelwesen werden müssen, »so muß die Mutter sich vom Kind abnabeln und das Kind von ihr«.
In einigen Berichten, die ich von Frauen über ihre Gefühle beim Auszug ihrer Kinder erhielt, spiegelte sich diese frühe Trennung. Hilary schrieb:

> Schließlich bereiten wir Kinder vom Tage ihrer Geburt an nicht nur auf ihr Erwachsenenleben vor, wir üben uns auch selbst im Loslassen. Ihre ersten Schritte, ihr erstes Fahrrad, der Tag, an dem du sie weinend (sie, nicht du!) im Kindergarten zurückläßt; wenn sie sich von Mutters kleinem Helfer, der widerspruchslos einkaufen geht, in jenes andere Wesen verwandeln, das sich nicht einmal tot mit seiner Mutter zeigen würde und seine Mutter auch nicht ins Badezimmer läßt, damit sie ihm die Haare wäscht; wenn sie als Teenager abends lange ausgehen oder gleich die ganze Nacht fortbleiben – all dies dient dazu, Mütter zu desensibilisieren und auf den Tag vorzubereiten, an dem sie wirklich gehen.

Getrenntheit ist nicht das gleiche wie Trennung, doch das Gefühl kann das gleiche sein. Zum ersten derartigen Erlebnis kommt es meist, wenn das Kind in den Kindergarten kommt. Ich erinnere mich an den Werbefilm, in dem eine Mutter ihren kleinen Sohn dort zurückläßt, beide mit zitterndem Blick und unsicher. In einer Gruppe von Fremden sitzend, greift der kleine Junge nach seiner Jacke, vergräbt seine Nase darin und wird durch den vertrauten Geruch des Weichspülmittels getröstet – eine Verbindung mit Zuhause. Vielleicht sentimental, doch es beschreibt etwas, was oft eine schwierige Übergangsphase für Mutter und Kind ist – die erste Phase des Abschieds von daheim. Hier die Reaktionen einiger Frauen auf diesen Meilenstein:

Paula
Ich erinnere mich, wie ich meine Tochter in den Kindergarten ins Rathaus brachte – er erschien mir plötzlich riesenhaft, und sie wirkte so klein. Als ich mich zum Gehen wandte, begann sie zu weinen und wurde von einer Helferin auf den Arm genommen Ich wollte hinstürzen und sie mit nach Hause nehmen – doch mir wurde klar, daß ich sie gehen und auf eigenen Füßen stehen lassen mußte.

Jane
Mein Sohn kam kurz vor seinem dritten Geburtstag in den Kindergarten. Ich hatte ihn gut darauf vorbereitet, und er war fröhlich und vertrauensvoll. Am ersten Tag wurde er an einen Kindertisch mit Büchern und bunten Stiften gesetzt. Er sah nicht einmal in meine Richtung! Ich war froh, daß er sich so gut eingewöhnte, doch es war unbeschreiblich einsam, in ein leeres Haus nach Hause zu gehen. An diesem Tag beschloß ich, daß ich noch ein Kind wollte.

Camilla
Kurz nach Claires Geburt begann ich wieder zu arbeiten, daher brachte sie das Kindermädchen in den Kindergarten. Für mich war dadurch nichts anders – ich verbrachte nach der Arbeit wie immer Zeit mit ihr. Was mich anbelangt, war das ein normaler Teil ihrer Kindheit. Ich gebe jedoch zu, daß ich nun, da sie groß ist, zurückblicke und wünsche, ich hätte ein paar Erinnerungen an jene ersten Phasen in ihrem Leben – doch Tatsache ist, daß ich mich für meine Karriere entschieden habe, und ich bin nicht sicher, ob ich heute irgend etwas anders machen würde.

Judy
Mein Sohn wollte nicht in den Kindergarten. Zuerst versuchte

ich ihn zu überzeugen, zu bestechen, mit ihm zu schimpfen, doch dann dachte ich: Warum soll ich ihm das antun, ehe ich muß? Er war zu Hause glücklich, es gibt kein Gesetz, das vorschreibt, daß sie in den Kindergarten gehen müssen, und mit sechs käme er ohnedies in die Schule. War ich überfürsorglich? Um ehrlich zu sein, ich glaube, es war ebenso in meinem Sinn wie in seinem. Ich wollte ihn gern zu Hause haben und hatte Angst, diese enge Bindung zu verlieren.

Vielleicht nicht weiter überraschend, zeigte sich ein Zusammenhang zwischen den Berichten dieser Frauen über die erste Trennung und den endgültigen Auszug ihrer Kinder – nicht vom Standpunkt der Kinder, sondern von dem der Mütter aus. Paula verspürte große Traurigkeit, als ihre Kinder schließlich aus dem Haus gingen, hatte aber immer noch die gleiche Überzeugung, daß sie sie gehen und auf eigenen Füßen stehen lassen müsse. Jane berichtet ziemlich wehmütig, daß ihr Sohn, ein Einzelkind (zu dem zweiten Baby kam es nie), in der gleichen Weise ohne zurückzublicken auszog, in der er schon in den Kindergarten gegangen war, doch sie sieht darin ein Anzeichen ihrer erfolgreichen Erziehung. Camilla hat ein ausgezeichnetes Verhältnis zu ihren Töchtern, sagt aber, sie war viel zu beschäftigt, um sich Gedanken über ihren Auszug von Zuhause zu machen. Judy, die unter Depressionen leidet, seit ihre Söhne vor einem Jahr endlich ausgezogen sind, verteidigt die Tatsache, daß sie sich wünscht, daß sie »zumindest in der Nähe« geblieben wären. »Ich hatte sie liebend gern zu Haus.« Wenn der Kindergarten der erste zaghafte Schritt in Richtung auf die Trennung unserer Kinder von uns ist, so bildet die Schule einen echten Sprung. An den ersten Schultag ihrer Kinder erinnern sich die meisten Mütter lebhaft:

> Die Eltern durften nicht auf den Schulhof – wir warteten alle am Tor und sahen ihnen zu. Er heulte sich die Augen aus, und keiner kümmerte sich darum. Dann klingelte die Glocke, und sie sollten sich vor ihren Klassen in Reihen aufstellen. Ich erhaschte einen letzten Blick auf dieses trä-

nenüberströmte kleine Gesicht und fühlte mich wie ein Ungeheuer. Ich ging nach Hause und heulte. Später erfuhr ich, daß er sich fast augenblicklich beruhigt hatte, sobald er drinnen war, doch ich brauchte Wochen dazu, glauben Sie mir.

Sie bat mich, nicht zu gehen, und als es soweit war, klammerte sie sich so fest an mich, daß ich sie kaum von meinem Rock losbekam. Ihre Lehrerin kam und nahm ihre Hand, doch sie klammerte nur noch fester. Daraufhin nahm diese wunderbare mütterliche Lehrerin sie hoch, umarmte sie und brachte sie dann hinein. Dieses Ritual spielte sich wochenlang ab, und es zerriß mich jedes Mal. Ich glaube, sie in die Schule zu schicken, fiel mir so schwer wie sonst nichts im Leben.

Diesmal war der Zusammenhang zwischen den Gefühlen der Frauen bei Schulbeginn und beim endgültigen Auszug noch offensichtlicher. Jede Frau, mit der ich über den Schulbeginn sprach, hattte starke Emotionen, als sie daran zurückdachte, doch die Emotionen unterschieden sich stark voneinander. Manche empfanden die Lockerung des Bandes als besonders schmerzhaft; sie verspürten eine Traurigkeit, die beim endgültigen Abschied noch gesteigert wurde. Für andere waren es eher nostalgische Gefühle, jedoch frei von einem besonderen Gefühl des Verlustes.

Ich halte es für völlig falsch, hier zu werten. Es wäre vermessen und sinnlos zu sagen, daß die Frauen, die in dieser Phase litten, zu stark klammerten, ihre Kinder übermäßig behüten wollten – Tatsache ist, daß sie an ihren Kindern stärkeren emotionalen Anteil hatten als andere, denen das Loslassen leichter fiel. Auch ist der Schluß nicht zulässig, daß Frauen, denen es schwerfällt, ihre kleinen Kinder in das Leben hinausgehen zu sehen, beim endgültgen Abschied klammern. Ich halte diesen Hinweis für wichtig, denn oft werden Mütter dafür kritisiert, daß sie übermäßig auf ihre Kinder fixiert seien. Das mag zutreffen, doch es gibt dafür gute Gründe. Im Idealfall sollten wir uns auf die Unabhängigkeit unserer Kinder vorbereiten, sobald sie auf die Welt kommen. Wir sollten ihre Loslösung fördern, uns bei jedem Schritt freuen, den sie unternehmen, um sich als selbständige Individuen zu etablieren. Die meisten Frauen tun das, doch wir machen es nicht immer richtig. Auch wir sollten unser eigenes Leben leben, unabhängig von unseren Kindern, und das bereits in dieser Phase, so daß wir nicht nur die Identität als Mutter haben, denn es liegt in der Natur der Mutterschaft, daß wir es einen Großteil der Zeit falsch machen.

»Der Platz einer Mutter ist im Unrecht«, sagte Katherine Whitehorn einmal. Ich finde, daß Frauen, die es schwierig und schmerzhaft finden, ihre Kinder gehen zu lassen, Unterstützung und nicht Vorwürfe verdienen. Viele Briefe, die ich erhielt, zeigten, wie stark diese Erinnerungen an die frühe Kindheit sind und wie sie erneut durchlebt werden, wenn die Kinder ausziehen. Wenn das Nest leer ist, kommt eine Zeit, auf die man sich freuen kann, doch viele müssen zuerst zurückblicken, die verlorene Zeit betrauern, ehe sie sich weiterentwickeln können.

Man sollte nicht unterschätzen, daß für viele Frauen der Schulbeginn ihres Kindes die Schatten der endgültigen Trennung vorauswirft und tief innen etwas wie ein Vorwissen davon erzeugt, wie der endgültige Abschied sein wird. Wenn man kleine Kinder der Obhut anderer anvertraut, nimmt das die Unabhängigkeit vorweg, die größere Kinder für sich beanspruchen; beides sind Zeiten, in denen das Kind anfängt, Gedanken und Ideen zu entwickeln, die es nicht von zu Hause oder von den Eltern hat, sondern von anderen Menschen, anderen Einflüssen. Und beide Situationen lassen leicht das Gefühl von Leere und Überflüssigkeit entstehen.

Es ist nicht überraschend, daß die Erinnerungen an die eigene Kindheit wieder wach werden, wenn unsere Kinder ausziehen, um ihr Leben zu leben. Keine freidenkende Feministin, die dafür eintritt, daß Mütter großer Kinder ihr eigenes Leben leben sollten, kann die Auswirkungen leugnen oder schmälern, die 20 Jahre Mutterschaft auf eine Frau haben. Kinder sind tief in unseren Geist, unseren Körper, unsere Gedanken und unsere Seelen eingebunden, und wenn sich das ändert, ist es wie bei allen tiefgreifenden Veränderungen alarmierend. Es gehört zur menschlichen Natur, daß wir am Ende jeder Sache zurückblicken und sie mit Wehmut überdenken. Dies ist nicht nur natürlich, es ist notwendig – um Erinnerungen zusammenzutragen, um über sie nachzudenken, ehe wir sie als Erinnerungen loslassen können. Dazu gehört eine Sehnsucht nach der Vergangenheit, die vorbei ist.

Und das gehört zum Schmerz dazu. Wir haben all dies verloren und können es nicht noch einmal erleben. Wir können die Sehnsucht ihrer Macht entkleiden, uns zu verletzen, indem wir uns gestatten, sie zuzulassen, den Schmerz des Bedauerns durchzumachen, bis er seine Unmittelbarkeit, seine Macht verliert und ein wenig verblaßt, neuen Eindrücken und Freuden Platz macht. Das schlimmste, was wir tun können, ist, die Existenz dieser ungeheuer mächtigen Gefühle zu leugnen, sie in einer Schachtel in unserem Gehirn zu versperren, wo sie unterdrückt werden und daher Schaden anrichten.

Wenn uns unsere Kinder verlassen, sagen wir und sie ihrer Kindheit adieu, und ich meine, es ist für Kinder und Eltern gleichermaßen nützlich, dies anzuerkennen, am besten gemeinsam. Fotos anschauen, angehäufte Besitztümer durchstöbern, seien es nun Spielsachen, Zeichnungen, Schulbücher oder Basteleien aus dem Kindergarten, ist eine gute Art, in die Vergangenheit zurückzukehren, sich zu erinnern, zu lachen. Als meine Töchter auszogen, hatte ich eine Kiste mit all ihren Schulheften und Zeichnungen von Anfang an. Wir gingen sie mit viel Gelächter und vielen Ausrufen wie »Ich erinnere mich – das habe ich bei Frau Schmidt gemacht!« durch. Für uns alle war es ein köstliches Heraufbeschwören ihrer Kindheit, und als wir den Deckel der Kiste wieder schlossen, hatte ich beschlossen, daß es nach ihrem Auszug an der Zeit wäre, sie auszumisten. Mußte ich wirklich »Mathematik für die Grundstufe I« aufheben? Natürlich nicht, und ich habe viel weggeworfen. Doch ich habe ihre frühen Zeichnungen und Briefe und Mitteilungshefte aufgehoben – diese Hefte, in denen die Lehrer alle Geheimnisse von zu Hause erfahren: »Papa konte heute nich arbeiten gehen, weil Mama alle seine Hohsen gewaschen hat und sie nicht troken waren.«

Eine Freundin sagte einmal, sie vermisse jene Kindertage nicht, da sie sie jederzeit wieder heraufbeschwören könne, indem sie diese Erinnerungsstücke, diese frühen Zeichnungen, Briefe und Hefte, hervorholte. Und dann stecke sie sie wieder weg und kehre in die Gegenwart zurück.

Als meine ältere Tochter nach Amerika gegangen war, fühlte ich mich wie meine Katze, die Socken umhertrug, als ihre Jungen selbständig wurden! Ich kramte endlos in Schachteln voller Fotos herum, nahm die besten heraus und steckte sie in Rahmen. Bald hatte ich eine recht große Sammlung mit einer netten Begleiterscheinung: Freunde und Verwandte fingen an, mir zu Weihnachten und zum Geburtstag Bilderrahmen zu schenken. Infolgedessen habe ich nun ein paar wirklich schöne und ungewöhnliche Rahmen und eine Fotosammlung, die meine erweiterte Familie mit meinen Kindern von der Geburt bis zum heutigen Tag zeigt. Sie ist eine optische Dokumentation ihres Aufwachsens und jener Verwandten, die eine wichtige Rolle in ihrem Leben gespielt haben.

Viele Frauen, mit denen ich sprach und die mir schrieben, schilderten die letzten Monate *vor* dem eigentlichen Abschied als Phase großer Angst und Besorgnis. Die Zeit hängt in der Schwebe – sie sind noch nicht fort, aber auch nicht mehr ganz hier –, und Mutter und Kind fragen sich beide, wie sie damit fertig werden – die Mutter mit der Trennung und ihrem neuen Leben, und das Kind mit dem, was in seiner Erwachsenenzukunft vor ihm liegt. Gerade in dieser Phase ist die Brücke zwischen ihrer Kindheit und ihrem Erwachsenendasein labil. Solange sie Kinder sind, denken wir nicht voraus und stellen sie uns als Erwachsene vor, doch wenn wir feststellen, daß sie an dieser Stelle angekommen sind, kommt es nicht selten zu einem Rückblick voller Panik.

Wichtig ist es, alle zu dieser Zeit aufkommenden Schmerzen oder Ängste zuzulassen. Werden sie unterdrückt, so brechen sie wie alle anderen Gefühle irgendwie durch, oft störender, als hätten wir sie gleich zugelassen. Ich erinnere mich, wie ich dachte, ich müsse stark und positiv sein, als ich wußte, daß mein erstes Kind demnächst ins Ausland geht. Ich gestand mir keine Schwäche zu – ich wußte, ich mußte loslassen, und ich war entschlossen, das gut zu machen. Ich hörte nicht auf den anderen Teil von mir, der um das Ende der Kindheit trauern wollte, und so äußerte er sich in meinem Schlaf; ich begann, einen immer wiederkehrenden Traum zu haben:

> Es ist Weihnachten. Ich bin in der Küche des Landhauses, in dem wir lebten, als die Kinder klein waren, und mache Weihnachtspasteten wie immer am Nachmittag des Heiligen Abends. Die Kinder spielen am Boden, und es herrscht ein Gefühl völliger Zufriedenheit. Ich spüre die Wärme der Küche um mich herum. Ich höre die Übertragung des Weihnachtsgottesdienstes aus dem Kings College in Cambridge. Ich wache allmählich auf und merke, daß ich träume. Eine Weile lang klammere ich mich noch an den Traum. Mit großer Klarheit höre ich den Choral, der gerade gesungen wird; und die Klarheit der Solostimme, die Wärme der Küche und die spielenden Kinder sind viel realer als das Bett, in dem ich wachliege, doch die Rückkehr zur Wirklichkeit ist unausweichlich, und der Klang des Liedes und die Weihnachtsstimmung von damals verschwimmen. Ich versuche, sie zu halten, doch sie lösen sich auf. Ich wache weinend auf.

Ich hatte diesen Traum zuletzt vor vier Jahren, doch ich erinnere mich so lebhaft an die Intensität des Kummers, der ihn begleitete, als wäre es gestern gewesen. Die Szene darin verkörpert die glücklichsten Augenblicke jener Jahre. Weihnachten und Kindheit zusammen sind Symbole für Wohlbefinden und Freude, die vielleicht eher metaphorisch als real sein mögen, aber jedenfalls ein mächtiges Traumsymbol abgeben.
Auch das Zuhause der Kindheit beeinflußt, wie wir uns in dieser Zeit fühlen mögen. Viele Leute ziehen um, wenn ihre Kinder aus dem Haus gehen, so wie wir. Ich empfinde diesen Schritt als positiv, als Neuanfang, doch ich machte mir bis zum Tag des Umzugs nicht bewußt, was ich zurückließ. In

meinem Tagebuch habe ich festgehalten, wie ich zurückblieb, noch lange, nachdem die Leute von der Spedition und die Familie gegangen waren. Ich ging von Raum zu Raum, erinnerte mich, und in jedem Zimmer konnte ich die Stimmen der Kinder hören, in verschiedenen Altersstufen wie in Schichten, und ich erlebte die Ereignisse all dieser Jahre wie in einem Kaleidoskop. Ich erinnerte mich an unzählige Kinderfeste und Spiele im Garten. Ich sah ihre Zimmer, wie sie sich von rosa Tapeten zu Schwarzweißpostern (bei den Mädchen) und von Eisenbahnen in einer endlosen Bilderbuchtapetenlandschaft bis zu klaren Grundfarben (bei meinem Sohn) veränderten. Ich erinnerte mich an Tränen beim Schlafengehen, an Gelächter und alle Kuscheltiere, an Gutenachtgeschichten und all die kleinen Rituale beim Einschlafen.

Beim Aufräumen meines Schreibtisches fand ich kürzlich einen Brief an meine Tochter in Amerika, den ich offenbar niemals abschicken wollte:

> ... Es war ein schwieriges Jahr. Die Vertrautheit und der Rhythmus unseres Lebens fehlen – Du, wie Du in die Schule gehst, jeden Tag zur gleichen Zeit nach Hause kommst, wir versammeln uns um den Küchentisch zum Mittagessen, ein fester Punkt in unserem Familienleben, bei dem alles zur Sprache kommt, Familienausflüge und Ferien – und dann der Aufbruch. Was mir damals nicht bewußt wurde, war, daß ich gleichzeitig Dich und mein Zuhause verlor. All meine Erinnerungen, Deine ganze Kindheit waren in diesem Haus enthalten. Erinnerungen werden irgendwie Teil des Gebäudes, prägen sich den Wänden ein. Der Kamin in meinem Arbeitszimmer war immer der Kamin des Weihnachtsmannes – dieser Raum war zuerst Dein Zimmer und dann Lindsays.
>
> Ich erinnere mich, wie Du mit dieser fürchterlichen Krankheit dort im Bett gelegen bist. Du wurdest immer dünner, bis fast nur noch deine riesig großen Augen übrig waren, und wir nannten es Deine Gespenstheuschreckenkrankheit ...

Heute sehe ich, daß es zuviel auf einmal war. Wenn Ihnen das leere Nest bevorsteht – eine größere Veränderung im Leben, egal, was Sie jetzt darüber denken –, empfehle ich Ihnen, mit einem Umzug ein Jahr oder so zu warten, ebenso wie es bei einem Trauerfall nicht empfehlenswert ist, unmittelbar nach einem Verlust eine so radikale Veränderung vorzunehmen. In beiden Fällen benötigen Sie Zeit, um mit dem Ort, der die Erinnerungen trägt, fertig zu werden, ehe Sie weiter gehen können, wörtlich und emotional.

Jetzt, da meine Kinder groß sind, glaube ich, daß ich ihre Kindheit in die Erwachsenen integriert habe, die sie geworden sind. Ich mag zwar leere Zimmer haben, aber das Haus ist voller Bilder, die die Vergangenheit mit der Gegenwart verbinden. Drei kleine Paare roter Gummistiefel stehen zwischen dem Kram einer erwachsenen Familie – die Kinder lieben sie, und sie lachen bei der Vorstellung, daß sie jemals so klein waren.

Was zählt, ist das Jetzt, und obgleich Erinnerungen ein wesentlicher Teil unseres Lebens sind, kommt es zur Tragödie, wenn Menschen nicht die Gegenwart sehen können, weil ihre Wahrnehmung verfinstert ist, sei es durch Nostalgie, sei es durch Zukunftsängste. Der Vergangenheit eine Weile nachzutrauern ist natürlich, doch wir müssen diese Trauer in eine Bereitschaft überführen, weiterzugehen.

Eine Frau sagte mir: »Ich muß immer an Robert Brownings Gedicht über England denken – ich möchte *jenes erste sorglose Entzücken wiederholen,* als das ich die Kindheit meiner Kinder erlebt habe. Ich spüre die gleiche Art von Sehnsucht nach etwas, was weit entfernt ist. Ich möchte die Uhr zurückdrehen können.«

In jenem Brief an meine älteste Tochter, den ich nie abgeschickt habe, schrieb ich:

> Erst vor einem Jahr ging Lindsay noch zur Schule und spielte ständig Klarinette. Seit sie fort ist, rührt sie sie nicht mehr an. Die stumme Klarinette erscheint mir wie ein Symbol für all diese Veränderungen. Ich versuche, diese Veränderun-

gen als Tatsache zu begreifen, und weiß, daß ich loslassen muß, nicht nur Euch drei, sondern überhaupt die Vergangenheit. Manchmal verspüre ich ein überwältigendes Bedürfnis, in unsere alte Küche zurückzukehren, mit Euch allen um mich herum, doch rational weiß ich, daß es noch reichere Belohnungen gibt, wenn man die Vergangenheit loslassen, sich abwenden und den Mut aufbringen kann, in eine neue Richtung zu sehen.

Oft ist es etwas ganz anderes, ob man etwas intellektuell weiß oder im Herzen spürt. Manche erleben Erfahrungen zwar simultan, doch der Übergang dazwischen ist nicht immer leicht, und vielen Frauen, die vor dem leeren Nest stehen, mag die Brücke über den Abgrund sehr brüchig vorkommen. Man benötigt Mut, Hilfe und Unterstützung, um sie zu überqueren.

Manchmal höre ich kindliche Stimmen rufen, höre den Wind und das Meer und die Schreie der Möwen und bin wieder in Cornwall, wo wir unsere Ferien verbracht haben, als sie klein waren. Ich kann drei kleine Wesen erkennen, die Sandburgen bauen oder ins Wasser laufen, zwei mit Zöpfen, einer mit dichten roten Locken – dann verblaßt das Bild allmählich, und ich sehe klarere, festere Bilder meiner Kinder, wie sie heute sind, erwachsen, schön, unabhängig und voller Zukunftspläne – und ich bemerke, daß jede Phase ihres Lebens kostbar ist, keine mehr oder weniger als irgendeine andere.

2. Was ist ein »Leeres-Nest-Syndrom«?

Eure Kinder sind nicht eure Kinder.
Sie sind die Söhne und Töchter der Sehnsucht des Lebens nach sich selbst.
Sie kommen durch euch, doch nicht von euch,
und obgleich sie bei euch sind, gehören sie nicht euch.

»Der Prophet«, Kahlil Gibran

Das »Leeres-Nest-Syndrom« – das klingt recht vertraut, doch was heißt es genau? Streng genommen bezeichnet es die Phase, in der die aktive Mutterrolle abgeschlossen ist, in der unsere Kinder ausziehen und wir nicht mehr für sie verantwortlich sind, auch wenn es in der Natur der Eltern liegt, sich um ihre Kinder Sorgen zu machen, egal wie alt sie sind. Doch warum ist es ein Syndrom – ein soziologisch und psychologisch definierter Zustand? Wofür steht das leere Nest? Und wie verändert es unser Leben? Was geschieht mit der Frau, die 20 Jahre oder länger Mutter war, und was wird sie nun?
Die Erfahrung des leeren Nests läßt sich bei allen Frauen, die mit ihren Berichten zu diesem Buch beigetragen haben, in zwei Kategorien teilen. Manche Mütter leiden unter dem Gefühl des Verlustes wie bei einem Todesfall, oft verbunden mit Depressionen, Ziel- und Identitätsverlust; andere empfinden es als Chance, als Beginn eines neuen Lebensabschnitts. Die meisten Frauen gehörten zunächst zur ersten Kategorie, haben sich aber mit der Zeit in die letztere bewegt. Psychologen betrachten es generell als Zeit der Trauer und ungeheurer Neuordnung, doch es herrscht diesbezüglich keineswegs Einigkeit, und einige Soziologen leugnen neuerdings sogar die Existenz dieses Syndroms.
An dieser Stelle sollte ich festhalten, daß ich in diesem Buch

keineswegs vorhabe, in eine wissenschaftliche Debatte einzusteigen. Ich habe viele Untersuchungen über Frauen um die Lebensmitte gelesen und finde die Ergebnisse verwirrend und widersprüchlich. Manchen zufolge neigen Frauen um die Mitte des Lebens wegen des Verlusts der »weiblichen Rolle« leichter zu Depressionen. Anderen zufolge komme es in dieser Phase zu deutlich weniger Depressionen als in anderen. Einige befassen sich mit Eheproblemen, die auftreten, sobald die Kinder ausziehen, andere betonen, daß die Eltern dann dichter zusammenrücken. Das Selbstbewußtsein der Frau sinkt in dieser Phase; das Selbstbewußtsein der Frau steigt in dieser Phase. Das leere Nest ist ein Mythos; das leere Nest ist für Frauen eine belastende Zeit. Inmitten all dieser Untersuchungen, Soziologiebücher und mit brummendem Gehirn habe ich beschlossen, die Wissenschaft hier herauszulassen.

Die Erkenntnis, daß die Verwirrung nicht allein bei mir lag, war erleichternd. Bereits 1979 stellten die Gerontologen Troll, Miller und Atchley fest, daß die Familienliteratur voller widersprüchlicher Aussagen über das »Leeres-Nest-Syndrom« und eheliche Beziehungen in dieser Phase sind. Scheidungsraten erleben scheinbar einen Höhepunkt, doch demographische Zahlen wissen davon nichts, und viele Paare berichten über eine Phase der »zweiten Flitterwochen«. Eine derartige Inkonsistenz in der Forschung weist darauf hin, daß diese Erfahrung hochgradig individuell und subjektiv ist und daß ihre Auswirkungen zu vielschichtig sind, als daß sie durch wissenschaftliche Untersuchungsmethoden genau gemessen werden könnten.

Dieses Buch sucht nicht nach empirischen Beweisen, und die widersprüchliche Forschung weist sogar darauf hin, daß es diese auch gar nicht gibt. Es versucht vielmehr ein Forum für Frauen zu sein, die ihre Gefühle und Erfahrungen mitteilen, und für andere Frauen, die sich damit identifizieren können.

Auch einige der Frauen, die mir schrieben, glaubten nicht an die Idee vom leeren Nest, doch ihre Briefe zeigen ganz klar, daß die Erfahrung jeder einzelnen, wenn es eintritt, gleichermaßen subjektiv und unvorhersehbar ist.

Ruth schrieb:

> Ich glaube, Frauen wurden dazu erzogen, sich verlassen zu fühlen, wenn ihre Kinder ausziehen. Doch in uns steckt viel von einem Tier – Katzenkinder verlassen ihre Mutter, und ich glaube nicht, daß die Mutter leidet – ich hatte immer Katzen.
> Ich empfand es als Erleichterung, als das dritte Kind auszog – ich liebte sie und liebe sie noch immer, doch die Generationen haben nicht mehr zusammengepaßt. Sie brauchten neue und größere Erfahrungen, wir brauchten mehr Ruhe. Viele Frauen empfinden wie ich. Diese Halbwüchsigen können nervenaufreibend sein. Du vermißt sie, ja, doch du trauerst nicht. Wer hat die Idee vom »leeren Nest« überhaupt erfunden? Das ist eine völlig moderne Vorstellung.

Oft heißt es, das »Leeres-Nest-Syndrom« als etwas spezifisch Menschliches sei nicht »natürlich«. Doch es läßt sich bei vielen Tierarten beobachten. Ich hatte mehrere Katzenmütter und stellte fest, daß Katzen wie Frauen ihre Mutterrolle höchst unterschiedlich leben. Ich hatte einige, die offensichtlich einen Stoßseufzer der Erleichterung ausstießen, als ihre Jungen sie verließen, oder sie nicht länger betreuten, sobald sie feste Nahrung bekamen. Andererseits hatte ich auch Katzen, die ihre Jungen noch säugen wollten, als diese lieber spielen als trinken wollten. Und was das Fortgehen der Jungen anbelangt, so schienen einige es nicht zu bemerken, daß sechs ihrer Kinder innerhalb einiger Tage verschwunden waren, während andere erkennbar verwirrt waren. Bei diesen Katzen war es nötig, die Jungen nach und nach wegzugeben, und selbst dann trauerten die Mütter, wenn das letzte ging. Eine Katze holte sich von oben ein paar Socken, als ihr letztes Junges fort war, und trug sie tagelang schreiend umher. Es ist ein Aberglaube, daß Tiere keine leeren Nester kennen. Bei Katzen ist es sogar weit verbreitet, daß sie gleich nach dem Verschwinden ihrer Kleinen wieder trächtig werden, so stark ist ihr Fortpflanzungsinstinkt.
Insgesamt verhalten wir uns nicht so – obgleich viele Frauen

sich für ein oder zwei späte Babys entscheiden, wenn ihre Kinder groß werden –, doch beruht unsere Familienplanung auf Eigennutz und einer Fülle praktischer und sozialer Überlegungen. Wir werden nicht von dem biologischen Trieb beherrscht, bis zur Menopause laufend Kinder auszutragen, obgleich dieser Instinkt irgendwo in uns noch tief verborgen ruht, überlagert von der Lebensweise des 20. Jahrhunderts.

Das bringt mich auf Ruths zweiten Punkt, daß nämlich das leere Nest eine moderne Vorstellung sei. Sie hat recht, doch nicht deshalb, weil uns beigebracht wurde, so zu empfinden. Die moderne Kleinfamilie hat einen künstlichen Spalt zwischen das Leben als Eltern und als Großeltern getrieben, das eigentlich ein natürliches Kontinuum ist. Als die Familien größer waren, erzeugte das älteste Kind bereits eigenen Nachwuchs, während die jüngeren Geschwister noch zu Hause lebten. So war ein sanfter Übergang gesichert, ohne die mehrjährige Lücke, die heute meist zwischen dem Auszug des letzten Kindes und der Geburt des ersten Enkels herrscht. Die Frauen, die von ihrem leeren Nest berichteten, reagierten gefühlsbetont auf Enkelkinder. Diejenigen, die welche hatten, erlebten sie als wunderbare Erfahrung, als neue Phase, diese Kinder, die sie lieben und mit denen sie leben konnten, ohne die Verantwortung als Eltern zu tragen. Viele, die noch nicht so weit waren, sagten, wie sehr sie sich darauf freuten.

Dr. Jill Welbourne, Psychiater an der Bristol Royal Infirmiary, erklärte mir:

> Menschen, die unter dem Syndrom des leeren Nestes leiden, erleben einen zu großen Zeitraum zwischen dem Auszug der Kinder von zu Hause und dem Erscheinen von Enkelkindern. Ich glaube nicht, daß wir dazu geschaffen sind, in kleinen, kleinsten Familienverbänden zu leben, ich glaube, menschliche Wesen sind eigentlich Gruppenwesen, und die akzeptierte Gruppengröße liegt irgendwo zwischen sechs und 25.

Außerdem ist bei Frauen mit großen Familien die Phase, in der sie Kinder haben, eher ausgedehnt, so daß ihr letztes Kind aus

dem Haus geht, wenn sie bereits weit über 60 sind. Aus irgendeinem Grund, vielleicht einem biologischen, ist das leere Nest nach der Menopause offenbar weniger schmerzlich. Viele Frauen berichten von einem überwältigenden Drang, mit etwa 40 noch ein Kind zu bekommen.
Mir ging es ebenso, und obgleich ich mich aus einer Reihe von Gründen dagegen entschied, waren der biologische und emotionale Drang dazu fast überwältigend. Zu jenem Zeitpunkt waren meine Kinder weit davon entfernt, aus dem Haus zu gehen, und das Bild des leeren Nests war mir noch völlig fremd. Wie Susi es ausdrückte:

> Ich bin nicht bereit dazu. Ich wünsche ständig, ich hätte mehr Kinder, und brüte immer wieder darüber nach. Ich hatte zwei Fehlgeburten nach unserem letzten Kind und beschloß dann, es aufzugeben, aus Angst, es könnte mit den Babys, die ich bekommen würde, etwas nicht in Ordnung sein – damals war ich 38. Nun sehe ich immer wieder kleine Kinder an und denke an meine eigenen in dem Alter und denke, wenn ich ein weiteres bekommen hätte, wäre es heute zehn und würde mir noch acht Jahre mit einem Kind im Haus schenken. Ich sehe meine Schwester an, die 43 ist und zwei Kinder hat; das eine ist sechs, das andere zwei, und ich denke, wie glücklich sie ist, daß sie all diese Jahre mit ihnen noch vor sich hat. Ich spreche nicht darüber – die Leute glauben, du kannst deine Kinder nicht loslassen, und halten dich für selbstsüchtig.

Mir fällt dazu die wunderbar unverfrorene Caitlin Thomas ein, die Frau von Dylan Thomas, die in jeder Phase ihres Lebens mit den Konventionen brach und dem verzopften britischen Moralkodex einen letzten Schlag versetzte, indem sie mit 49 Jahren mit ihrem italienischen Partner noch ein Kind bekam.
Natürlich kommt dies auch in großen Familien vor, in denen die Mutter in ihren Vierzigern noch Kinder bekommen hat. Ich kenne Frauen, die den beruhigenden Kreis der Enkelkinder zu Besuch haben und noch ein oder zwei Kinder zu Hause. Die Schriftstellerinnen Fay Weldon und Alice Thomas Ellis sind

beide über 60, werden von ihren Enkelkindern besucht, und haben noch ein eigenes Kind im Haus. Beides baut einem schmerzhaften leeren Nest nicht vor. Ich bin sicher, daß manche Frauen dies mit einer gewissen Indignation lesen, als wolle ich sagen, der einzige Weg, dem »Leeres-Nest-Syndrom« zu entgehen, sei anhaltende Fortpflanzung wie bei unseren Großmüttern, und das möchte ich klarstellen. Es ist nicht der einzige Weg – ich erwähne dies nur, um zu erklären, wieso das leere Nest eine relativ moderne Angelegenheit ist.
Die andere größere Veränderung im Familienleben, besonders in der Mittelschicht, ist der Verlust der Großfamilie. Früher zogen die Kinder nicht fort, sondern lebten, arbeiteten und heirateten in demselben Bezirk, in dem ihre Eltern und Großeltern gewesen waren. Die heutige Art der Mobilität und Trennung, großteils aufgrund von Arbeitsbedingungen und -möglichkeiten, hat zur Folge, daß Familien zerschlagen werden.
Der Begriff »Leeres-Nest-Syndrom« ist nicht nur eine moderne Vorstellung, er ist auch für England besonders typisch. Meine eigenen Kinder sind die erste Generation in meiner Familie, die auf diese Art geht. Ich bin aus Wales, und die Praxis der Clans, in derselben Gegend zu bleiben wie der Rest der Familie, ist tief verwurzelt. Es wäre mir nie eingefallen, von meinen Eltern wegzuziehen, und als wir dann in einen anderen Teil des Landes zogen, fanden wir auch für sie ein neues Heim. Auf der anderen Seite hätten weder mein Mann noch seine Eltern etwas derartiges in Erwägung gezogen. Als wir heirateten, machten sie sehr deutlich, daß er nun auf sich allein gestellt war. Meine ethnischen Wurzeln sind einfach anders als seine.
Während der Arbeit an diesem Buch erhielt ich einen Anruf von einer etwa sechzigjährigen Frau, die gehört hatte, daß ich über das Thema »Leeres-Nest-Syndrom« schrieb. Ihre Kinder hatten sich weit und breit zerstreut, und es fiel ihr nun sehr schwer, als Engländerin in Wales zu leben. »Ich beneide die Frauen hier so sehr«, sagte sie zu mir. »Ihre Kinder gehen alle auf die nächstgelegene Universität und kommen am Wochenende nach Hause. Meist suchen sie sich in der gleichen Ge-

gend Arbeit, und oft heiraten und leben sie auch am Ort.« Dies alles war mir völlig vertraut; in meiner Familie hieß in Wales zu leben, daß man auf die Universität nach Swansea ging, gerade bis ans Ende der Straße. In England legen Kinder Wert darauf, daß die Universität in einiger Entfernung von zu Hause liegt. Meine Töchter wurden in der Schule aufgefordert, sich nur auf Universitäten zu bewerben, die mindestens 150 km von zu Hause entfernt lagen, damit sie nicht in Versuchung kämen, am Wochenende nach Hause zu fahren, und damit ihre Eltern sie nicht besuchen könnten. Dahinter steht eine Fehlinterpretation der Absichten der Eltern seitens der Schule, die Unterstellung, sie seien unfähig, ihre Kinder loszulassen. Letzten Endes führt diese Politik – sofern nicht die Universität wegen bestimmter Fächer gewählt wird – zu unnötig hohen Kosten für die Studenten, wenn sie am Wochenende oder in den Ferien nach Hause kommen wollen.

Julia, eine Engländerin, die in Italien lebt, schilderte ihre eigene Reaktion auf den Auszug ihrer Kinder und die ganz andere kulturelle Situation in Italien:

> Unsere Kinder wurden zur Unabhängigkeit erzogen und kommen allein zurecht und helfen bei der Hausarbeit – etwas fast Unerhörtes in dieser sehr mutter-orientierten Gesellschaft. Als unsere ältere Tochter mit 18 nach England zum Studium ging, wurde davon ausgegangen, daß sie bei Verwandten leben würde. Ich vermißte sie sehr, da sie eine Stubenhockerin und eine viel bessere Gesellschaft war als die beiden anderen, doch es war erträglich. Dann beschloß aus heiterem Himmel unsere zweite Tochter, daß sie ebenfalls in England studieren wolle. Das freute uns, da wir die Kinder stets zu eigenen Entscheidungen ermutigt haben, und nach dem Sommer reisten beide Mädchen ab. Zuerst dachte ich, ich würde sie nur einfach vermissen, doch bald merkte ich, daß ich ein Opfer des »Leeres-Nest-Syndroms« geworden war, obgleich ich noch ein Kind zu Hause hatte. Es war wirklich schrecklich und wurde dadurch noch schlimmer, daß keine meiner italienischen Freundinnen ih-

> re Kinder in einer Stadt studieren lassen würde, die auch nur 30 Kilometer entfernt wäre, geschweige denn in Übersee. Auch hatte ich nicht erwartet, daß es mich so treffen würde, denn ich war immer die Sorte Mutter, die die Kinder ziehen läßt. Unser älteres Mädchen ist wieder zu Hause, und es ist wunderbar, sie hier zu haben. Wenn sie eines Tages geht, weiß ich nicht, wie ich damit fertig werde. Also sage ich ihr, daß ich zwar sehr an ihr und ihrer Schwester hänge, daß sie mich aber abschütteln und ihr eigenes Leben leben müssen.

Vergleichen Sie nur einmal die Familienbande anderer Kulturen mit der englischen Sitte, Kinder in Internate zu schicken. Das bedeutet in der Praxis, die Aufzucht der Kinder im Alter von sechs oder neun oder elf Jahren Fremden anzuvertrauen – viele Leute glauben, je eher, desto besser. Bin ich pervers, wenn ich die Logik nicht verstehen kann, derzufolge ausgebildete Lehrer und eine institutionalisierte Fürsorge bessere Erwachsene hervorbringen als ein liebevolles Zuhause? Glauben die Menschen wirklich, daß die Qualitäten und Werte, die ihren Kindern von Fremden eingetrichtert werden, besser sein müssen als die, die sie selbst als Eltern anbieten können? Das System erscheint mir eigenartig, obgleich ich weiß, daß es Situationen gibt, in denen ein Internat einem Kind mehr Stabilität geben kann als ein chaotisches oder unsicheres Familienleben. Wie Penelope Leach es in ihrem Buch *Children First* (Zuerst die Kinder) ausdrückte:

> Je weniger Zeit Eltern und Kinder miteinander verbringen, und je weniger Gedankenaustausch und gemeinsame Aktivitäten stattfinden, desto machtvoller werden wahrscheinlich Einflüsse von außen. Heranwachsen, Entwicklung und Veränderungen bei Kindern lassen sich nicht auf Eis legen, wenn die Eltern nicht da sind, daher nehmen andere Zeit und Platz in ihren Köpfen und Herzen ein.

Mein Mann wurde relativ spät mit neun Jahren ins Internat geschickt und erinnert sich, wie er sich fragte, ob er seine Eltern wohl je wiedersehen werde. Was macht dies mit Frauen, deren Nest bereits geleert wird, wenn ihre Kinder noch klein sind? Auch wenn sie in den Ferien nach Hause kommen, verbringen sie den größten Teil ihrer Zeit fern von zu Hause. Ich sprach mit Frauen, deren Kinder im Internat sind oder waren, und bekam viele verschiedene Antworten:

> Alle in der Familie meines Mannes gingen ins Internat, und er bestand darauf, daß unsere Söhne diese Tradition fortsetzten. Sie sind jetzt neun und zwölf, und ich glaube, ich werde sie immer vermissen. Mein größter Kummer ist, daß ich nicht aufgestanden bin und mich geweigert habe, sie gehen zu lassen, doch ich bin viel jünger als mein Mann, und er ist recht bullig. Leeres Nest? Mein Nest ist leer, seit der zweite vor zwei Jahren in die Schule kam.

> Wo ich lebe (Grafschaft Surrey), schicken die meisten Leute ihre Kinder ins Internat. Es ist ein Muster, nach dem wir alle leben – Kindergarten bis zum Alter von sieben Jahren, dann Tagesschule oder Internat, dann weiterführende Schule. Wenn sie noch zu Hause sind, werden sie die ganze Zeit vorbereitet. Sie gehen den richtigen Freizeitbeschäftigungen nach, sie lernen, nicht zu weinen und die Ohren steif zu halten, all dieses Zeug. Das ist nicht meins, und ich finde es ehrlich gesagt absurd und entsetzlich. Mein Sohn ist jetzt im ersten Internatsjahr, er ist elf, und ich versuche meinen Mann dazu zu bringen, daß er ihn nach Hause kommen und die Tagesschule besuchen läßt. Doch das ist ein echter Kampf, und ich bin nicht sicher, ob ich ihn gewinne.

> Ich habe geglaubt, das Internat sei das richtige für meine Kinder. Wir brachten unseren Sohn voriges Jahr hin, als er sieben war. Die Erinnerung daran, wie wir ihn dort verließen, wie er sich die Augen ausweinte, seinen Teddy umklammerte, absolut unfähig war zu glauben, daß wir ihn verließen, wird mich ewig verfolgen. Inzwischen ist er daran gewöhnt, doch ich frage mich ständig, ob dabei nicht seine Seele zerbrach. Und die Ferien sind schrecklich, denn

> er hockt ständig zu Hause und fängt schon eine Woche, ehe er zurück muß, zu weinen an. Er bittet mich, ihn zu Hause zu lassen, und ich weiß nicht, was ich tun soll. Mir fehlt es, zu sehen, wie er aufwächst, wie sich seine Persönlichkeit entwickelt, und ich fange an zu glauben, dies ist alles falsch.
>
> Ich habe mich daran gewöhnt, daß sie fort sind, und es bedeutet, daß ich mit meinem eigenen Leben fortfahren kann. In den Ferien kommen sie ja nach Hause, wissen Sie. Und im Internat erhalten sie die bestmögliche Erziehung und Vorbereitung auf das Leben.

Was für eine Mischung aus Überzeugungen und Gefühlen! Viele dieser Frauen waren zerrissen, gehörten aber einer sozialen Schicht an, in der das Internat als derart normal angesehen wurde, daß sie kaum wagten, sich ihr Gefühl des Verlustes einzugestehen. Und sicher, für ein Kind ist es ein großer und verfrühter Verlust, im Alter von sieben oder selbst 13 Jahren aus dem Haus zu gehen, es bedeutet ein unzeitgemäß und unnatürlich früh geleertes Nest. Inzwischen scheinen immer mehr Eltern anders darüber zu denken: Im Februar 1995 zeigte ein Bericht des Unabhängigen Schul-Informationsdienstes (ISIS), daß die Zahl der Eltern rapide zurückgegangen war, die ihr Kind ins Internat schicken wollten. In den voraufgegangenen zwei Jahren war die Zahl der Internatsschüler um ein Achtel gesunken, und zwar dem Bericht zufolge nicht aus finanziellen Gründen, sondern weil heutige Eltern immer weniger bereit sind, ihre Kinder fortzuschicken, besonders in einem so frühen Stadium. John Rae, der ehemalige Leiter der Westminster School, der ein gutes Gespür für die Entwicklung auf dem Erziehungssektor hat, berichtete, »ehemals berühmte Schulnamen sind längst kein Garant für hohes Niveau mehr. Manche Internate haben so wenige Schüler, daß sie sich kein gutes Personal mehr leisten können.« (*The Times*, 20. 2. 1995)
Während ISIS, eine Organisation, die sich der Unterstützung von freien Schulen und Internaten verschrieben hat, diese Sachlage bedauert, da sie zum Schließen von Schulen führt,

kann ich für diese Organisation und diese Schulen keine Sympathie empfinden. Ich denke an jene Kinder, die sich ihres angeborenen Rechts auf ein Zuhause und elterliche Betreuung erfreuen, und an jene Mütter, deren Nest nicht vorzeitig geleert wird, und ich freue mich. Soziale Faktoren sind besonders mächtig, und ich glaube, diese Änderung kann nur zum Guten sein.
Es gibt jedoch Zeiten, in denen schwierige Entscheidungen getroffen werden müssen – wenn die Ausbildung eines Kindes unter häufigen beruflich bedingten Umzügen der Eltern leidet oder wenn ein Elternteil glaubt, daß die emotionelle Entwicklung des Kindes durch sein Zuhausebleiben gebremst wird. Die Wahl des Internats fällt im Interesse des Kindes, auch wenn sie der Mutter schwer zu schaffen macht. Phyllis stand vor einer solchen Entscheidung:

> Mein Mann war bei der Luftwaffe, und da wir so oft umzogen, fanden wir, daß die Ausbildung unseres Sohnes darunter litt. Daher schickten wir ihn in ein Internat, und das war meine erste Erfahrung mit dem Verlust eines meiner Kinder. Ich habe ihn so sehr vermißt, daß ich magersüchtig wurde und einen Nervenzusammenbruch hatte, obgleich er es jede Minute genoß.

Ebenso ging es Margaret:

> Mein Mann starb, als Tim erst elf Jahre alt war, und ich stand vor einer schweren Entscheidung. Ich wußte, daß ich nicht selbstsüchtig sein und ihn bei mir zu Hause behalten durfte. Ich hatte nur einen Sohn und wollte nicht, daß er ein Muttersöhnchen wird, also habe ich ihn nach Oxfordshire ins Internat geschickt. Ich habe ihn natürlich schrecklich vermißt, doch in den Ferien war er zu Hause. Er war mir immer dankbar, daß ich nicht besitzergreifend war, und wir sind wirklich gute Freunde. Er war immer so überlegt, und obgleich er inzwischen 33 ist, ruft er mich jede Woche an und kommt oft für zwei oder drei Tage vorbei. Er hat in der Gegend noch viele Freunde, da er hier als Schulkind lebte

– und das macht ihm zusätzlich Freude. Die Zeit war sehr schwer, doch ich glaube, die Entscheidung war richtig.

Feminismus: Freund oder Feind?

Ein weiterer Einflußfaktor war der Feminismus, und während er uns einerseits befreite, nahm er uns auch das Recht, um etwas zu trauern, was für die meisten Frauen ein größerer Verlust und eine wichtige Veränderung ist, eine Übergangsphase, die in bestimmter Weise beachtet werden will. Der folgende Brief von Judith zeigt, wie uns feministisches Denken lahmlegen kann:

> Heutzutage scheine ich ein Geheimnis zu haben. Etwas, dessen ich mich ungeheuer schäme, das mich entsetzt. Es betrifft meinen Sohn Tom; er ist 20. Vor kurzem zog er aus, um zu studieren – und ich bin scheinbar unfähig, ohne ihn zu leben.
> Sie würden sich hierüber wundern, würden Sie mich kennen, denn ich bin scheinbar nicht der Typ, der so etwas sagt. Ich habe eine Fülle an Interessen, Freunden, Hobbies. Ich liebe Opern, Reisen, ich lese viel. Ich war immer radikal darin, überkommene Züge von Weiblichkeit und Mutterschaft zu überwinden. Ich war auf Protestmärschen, in Greenham, habe an einem Friedensprojekt der Frauenbewegung mitgearbeitet. Was ist mit mir los? Wieso kann ich an etwas leiden, an das ich nicht glaube – am Syndrom des leeren Nestes?

Die Ermahnung, ein eigenes, vollwertiges Leben zu führen, kann also ihre Schattenseiten haben, wie Judiths Brief zeigt. Warum sollte sie sich schämen und entsetzen? Warum sollte sie ihren Kummer als Geheimnis behandeln? Ihr Brief weist sie als Feministin aus, und es scheint, als habe ihre feministische Ausrichtung Gefühle der Schuld und des Versagens hervorgerufen, während sie doch etwas ganz Normales erlebte.

Der Feminismus übersieht, daß es auf diesem Gebiet ein Ende geben muß, ehe es einen neuen Anfang geben kann. Judith ist beileibe nicht die einzige Frau, die mit Scham oder Schuldgefühlen auf ihren Kummer reagiert. Doch bei dem Versuch, uns der feministischen Linie zu unterwerfen, können wir in das trügerische Gefühl gedrängt werden, wir müßten fröhlich von der Fürsorge für unsere Kinder in die Rolle der Superfrau des dritten Lebensabschnitts mutieren.

Im Gespräch mit Frauen über sechzig, die insgesamt vom Feminismus unberührt blieben, stellte ich fest, daß sie eine eigene Schwesternschaft bildeten. Die Zeit des Auszugs ihrer Kinder war als Zeit der Trauer anerkannt. Sie fanden nichts Ungewöhnliches oder Unnatürliches darin. Sie waren nicht von Schuldgefühlen oder dem Vorwurf geplagt, daß sie durch ihre Kinder lebten. Sie schlossen sich mit anderen Frauen zusammen, die den gleichen Prozeß durchmachten – und sie standen diese Phase durch und lebten weiter. Gerry, Mutter von vier Kindern, erinnert sich an den Tag, an dem ihr letztes Kind ging:

> Wir brachten sie ins College und überzeugten uns, daß sie gut untergebracht war. Dann fuhren wir nach Hause. Als wir ins Haus kamen und seine Leere spürten, setzten wir uns beide hin und heulten uns die Augen aus.

Gerry ist eine der ausgefülltesten Frauen, die ich kenne. Seit ihre Kinder aus dem Haus sind, hat sie eine befriedigende Arbeit ausgeübt, eine Ehrendoktorwürde erhalten und ihre Zeit freudig und produktiv verbracht. Inzwischen ist sie Witwe und Großmutter und hat immer noch mehr Interessen und Freunde, als ihre Zeit erlaubt. Sie sieht ihre verstreut lebenden Kinder regelmäßig und hält ihr Leben für ausgewogen. Sie ist eine sehr zufriedene Frau. Doch sie ließ sich Zeit für den Übergang von einer Phase in die nächste, wie dies auch nach einem Trauerfall nötig ist.

Glücklicherweise ist inzwischen weitgehend anerkannt, daß der dritte Lebensabschnitt, über 50, jenseits des Wechsels und nach der Fürsorge für die Kinder, keineswegs das Ende im ak-

tiven Leben einer Frau bedeutet. Tatsächlich ist es der Anfang einer völlig neuen Phase, in der wir alles tun können, wozu wir Lust haben. Fünfzig galt einmal als alt, als »danach« – was für ein Gegensatz zu den Fünfzigjährigen von heute!
Als Joyce Hopkirk Anfang 1994 *Chic* herausbrachte, ein neues Magazin für ältere Frauen, begleitete sie es mit dem »lebhaften Eindruck, daß unsere Zeit die erste in der Menschheitsgeschichte ist, in der Frauen in den Vierzigern und Fünfzigern so voller Spannkraft, so dynamisch und, nun ja, so jung sind«. *Chics* wichtigstes Verkaufsargument ist, daß das Magazin »Frauen ermutigen will, sich neuen Herausforderungen zu stellen«. Eine eigene Rubrik ist »gestopft voll mit Ideen für Frauen mit leerem Nest«. Joyce Hopkirk zufolge fangen viele Frauen an, das Haus von Grund auf zu verschönern, wenn die Kinder und ihre klebrigen Finger aus dem Haus sind.
Gut, niemand mit wachem Verstand wird bezweifeln, daß uns alle Möglichkeiten offen stehen. Doch Hopkirk und *Chic* sind zu ehrgeizig für die Durchschnittsfrau, die sich mit Joanna Lumley, Marie Helvin und anderen nicht identifizieren kann oder will. Es herrscht hier ein ungeheurer Druck, »kreativ, dynamisch und jugendlich« zu sein – werden Sie die Kinder los, reisen Sie, studieren Sie, gründen Sie eine Firma. Leeres Nest? Kummer? Verlust? Was ist das? Und die Unterstellung, unsere Altersgruppe sei es, die das Geld hat, stimmt auch nur für einen bestimmten Teil der Frauen der Mittelschicht.
Wir werden von allen Seiten bedrängt. Eine Freundin machte mich auf einen Abschnitt in Susan Jeffers Buch *Feel the Fear and Do It Anyway* (»Spür die Angst und mach's trotzdem«) aufmerksam, ein Buch, das ich kannte und mochte. Dieser Auszug schildert den Abschied einer Frau von ihrem Sohn, der ins College zog:

> Mit Tränen in den Augen sah sie, wie er die Einfahrt entlang ging, zu seinem neuen Auto, und wußte, er werde nur noch als Besucher zurückkommen. Es war keine Zeit, ihn gehen zu lassen. Sie dachte, ja, so ist das Leben ... ständig in Veränderung. Die Dinge dauern nicht ewig. Sie gestattete sich,

> ein wenig zu weinen, raffte sich dann aber auf und beschloß, ein Abendessen zu zweit bei Kerzenschein vorzubereiten. Schließlich wären sie und ihr Mann heute zum ersten Mal seit vielen Jahren allein, und daher entschloß sie sich, das zu feiern.

Jeffers stellt dem die Mutter gegenüber, die sich davor fürchtet, daß ihre Kinder aus dem Haus gehen, und als es endlich soweit ist, nur mehr die Leere des Hauses und die Nutzlosigkeit ihres Lebens erkennen kann. »Eine solche Person, die sich Änderungen widersetzt, verpaßt die neuen Wege, die sich ihr eröffnen«, schreibt sie. »Es hat etwas Bereicherndes, eine wunderschöne Erfahrung im Leben zurückzulassen und sich auf eine andere wunderschöne Erfahrung zu freuen.«
Meine Freundin schrieb dazu: »Das mag ja zutreffen, aber gibt es nicht auch Trauerarbeit? Und die nächste wunderschöne Sache zu finden ist nicht so leicht!«
Susan Jeffers hat natürlich recht, wenn sie nach vorn schaut. Doch an diesem Punkt ist sie zu oberflächlich. Der Sprung vom tränenreichen Abschied zum Flitterwochensouper bei Kerzenschein ist für die durchschnittlich emotionale Frau nicht zu schaffen. Und ich mag den Hauch von Schande nicht, der jener Frau anhaftet, die nicht sofort zur nächsten wunderschönen Erfahrung übergeht. Es muß Schweigen und Abstand zwischen den verschiedenen Entwicklungsphasen in unserem Leben geben, kein hektisches Hasten von einer Erfahrung zur nächsten. Ich glaube, die Freundin, die dies hervorhob, hat völlig recht.
Wenn es irgendein Verständnis, irgendein Gespür für wahre Schwesternschaft unter Frauen gibt, müssen wir akzeptieren, daß die Phase, in der die Kinder aus dem Haus gehen, von jedem Menschen hochgradig individuell erfahren wird. Die Erfahrungen der Frauen in diesem Buch reichen von echter Trauer mit allen dazugehörenden Gefühlen bis zu einer Zeit der Loslösung, in der sie neue Rollen gefunden und über diese gelernt haben, Erwachsenen eine Mutter zu sein.

Warum haben wir Kinder?

Warum haben wir überhaupt Kinder? Eine Frage, auf die es fast keine definitive Antwort gibt. Die Befragung einer Handvoll Frauen ergab eine Fülle verschiedener Antworten:

> Ich wußte immer, daß ich Kinder wollte, doch ich könnte nur schwer sagen, warum.
>
> Ich erinnere mich, wie ich als Fünfjährige auf dem Schulhof stand und meiner Lehrerin zusah, wie sie mit einer Gruppe von Kindern sprach. Ich war von der Sehnsucht, groß zu werden und eigene Kinder zu haben, förmlich überwältigt. Das Gefühl blieb so stark, bis ich 15 war, dann verschwand es. Doch als ich verheiratet war, kehrte die Sehnsucht zurück und war wieder genauso überwältigend.
>
> Das stand für mich fest, wissen Sie – Universität, Arbeit, Heirat, Kinder. Ich habe mich nie gefragt, wieso.
>
> Mutterinstinkt – nichts Rationales, einfach überwältigend.
>
> Ich komme aus einer großen Familie und konnte mir nie vorstellen, nur als Paar zu leben – Kinder zu haben schien so natürlich.
>
> Oh, ich weiß nicht, man bekommt sie einfach, oder? Es gehört zum Frau-Sein dazu, nicht wahr?

Ich glaube nicht, daß Frauen heute mehr über alle Implikationen des Kinderkriegens nachdenken als frühere Generationen, obgleich es scheint, daß Schwangerschaften sorgfältiger geplant und auf Karriere, Finanzen etc. abgestimmt werden. Der biologische Drang ist sehr stark und besiegt meist andere Widerstände. Ich glaube, wir denken sehr gründlich über alle Auswirkungen auf unser Leben nach, doch es ist schwierig, uns mit einer wachsenden Familie zu sehen.
Aus welchen Gründen auch immer wir ursprünglich Mütter geworden sind, die Wahrheit ist, daß viele Frauen ihre Mut-

terschaft als die einzige wirklich erfüllende, lohnende, schöne Aufgabe erleben. Und da wir nicht darüber nachdenken, warum wir Kinder haben – und es wäre auch eine recht unnatürliche, fast klinische Sache, dies zu tun – kann die Zeit, in der sie aus dem Haus gehen, mit einer anderen Art von Schuld umgeben sein, wie es Ruth ausdrückte:

> Ich vermute, es ist eine Art Schuldgefühl mit alledem verbunden – die Schürzenbänder müssen gelöst werden –, doch es mag auch Angst davor aufkommen, ein Ziel und eine Aufgabe zu verlieren – was wiederum mit Schuldgefühlen beantwortet wird; schließlich hat man nicht Kinder, um nützlich zu sein!

Es gibt ein verbreitetes Mißverständnis, demzufolge Frauen, die unter dem leeren Nest leiden, jene sind, die ihr eigenes Leben, ihre Karriere, ihre Interessen der Kinderaufzucht geopfert haben. Selbst einige Experten machen den Fehler zu unterstellen, daß die Frau, die sich Keller, Küche, Kindern widmet, am stärksten mit dem Auszug der Kinder zu kämpfen hat. In einem Radiointerview vom 21. Januar 1995 sprach Dr. Bernice Andrews von der Universität London, die über Frauen und Depressionen gearbeitet hat, über das Syndrom des leeren Nestes: »Bei Frauen, deren Leben nur um Kinder und Zuhause kreist, wird mit ziemlicher Wahrscheinlichkeit ein riesiges Loch aufreißen, wenn die Kinder aus dem Haus gehen.« Doch das »riesige Loch« ist nicht die Folge von Mangel an Aktivitäten oder Interessen, wie Margaret betont:

> Wenn Kinder aus dem Haus gehen, wird das als Chance der Frau auf ein neues Leben gesehen. Tatsache ist, daß ich stets eine Menge furchtbar interessanter Dinge gemacht habe und mein Mann und ich die Kinder abwechselnd betreut haben. Als sie dann auszogen, war es für mich ein psychischer Verlust, den zusätzliche Aktivitäten oder Gedanken nicht füllen konnten.

Umgekehrt kann auch eine Frau, die sich viele Jahre lang ausschließlich auf Haus und Familie konzentriert hat, bereit sein, nach dem Auszug ihrer Kinder in einen neuen Lebensabschnitt einzutreten. Ich erinnere mich an eine Frau, deren Kinder so alt wie meine waren. Sie hatte ihre Arbeit aufgegeben und war eine echte Hausfrau und Mutter. Sie machte jeden Tag ihre Hausarbeit. Sie kochte Marmelade ein und buk Apfelkuchen. Sie nähte Vorhänge für das Haus, bezog die Polstermöbel neu und nähte die Kleidung ihrer Kinder. Von Anfang an förderte sie die Interessen ihrer Kinder, klebte bunte Bildchen rund um die Wiege, machte ihnen Mobiles und gab ihnen Gegenstände mit unterschiedlichen Oberflächenstrukturen zum Tasten. Als sie in das Vorschulalter kamen, fertigte sie sorgfältig Flash-Karten an und klebte sie an alles im Haus.

Und als sie älter wurden und *Blue Peter* sahen, hatte sie stets Klebefolie bei der Hand, während ich meine Kinder bekniete, ob sie nicht irgendeine geniale Schöpfung basteln wollten, die in dieser Woche gerade auf dem Plan stand. Sie war betroffen, als ich wieder arbeiten ging, als mein Jüngster sechs Jahre alt war. »Sind Sie sicher, daß Ihre Familie nicht darunter leidet?« fragte sie mich. Ihre Kinder brauchten ihre Anziehsachen nie selbst zu waschen oder sich ihr Abendbrot selbst zu machen, solange sie Teenager waren. Ihr Ehemann hatte stets wundervoll gebügelte Hemden und mußte sich nicht zwischen zerknitterten aus dem Bügelkorb oder schmutzigen vom Vortag entscheiden. Und so ging es weiter. Als ihre Kinder aus dem Haus gingen, vergoß sie eine knappe Träne über das Ende eines Lebensabschnitts und ging dann los, suchte sich einen guten Job, stürzte sich auf ein geschäftiges Sozialleben und litt nie an Leeres-Nest-Krämpfen.

Die Art, wie wir unserem eigenen leeren Nest begegnen, hat ihre Wurzeln in unseren eigenen familiären Kindheitserlebnissen. Eine behütete Kindheit, in der jemand Liebe und kaum größere Brüche erlebt hat, bildet einen Grundpfeiler der Gewißheit, daß das Leben irgendwie sicher ist und daß die Menschen, die uns verlassen, auch wieder zurückkehren – und auf einer zutiefst unbewußten Ebene, daß sie für unser Überleben nicht notwendig sind. Es läuft darauf hinaus, daß die Gefühle eines leeren Nestes sich nicht vorhersagen lassen. Ich glaube, es ist kein Zufall, daß die Frau, die ich zuletzt beschrieben habe, eine besonders glückliche und behütete Kindheit verlebt hat, in der sie sich geliebt, gewollt und wichtig fühlen konnte. Während meiner Befragungen von Frauen, die am Leeres-Nest-Syndrom litten, fand ich keinen Zusammenhang zwischen der Tiefe des Leidens und der Existenz von Interessen, Karriere, Freunden und sozialem Leben bei den Betroffenen. Die meisten sprachen von guten persönlichen Beziehungen mit einem Partner und/oder Freunden, und viele drückten auch ihr Befremden darüber aus, daß sie derartig litten, wo doch ihr Leben voll mit anderen Dingen war. Die folgende Schilderung ist ganz typisch:

> Ich habe gearbeitet, seit mein jüngstes Kind elf Jahre alt ist, und ich liebe meine Arbeit. Ich mag den Anreiz der Gegenwart von Erwachsenen während des Tages, ich genieße den Austausch, den Spaß, das Glas Bier zu Mittag im Pub. Ich habe dort gute Freunde gewonnen – und immer, wenn ich nach Hause kam, waren da die Kinder, wollten mir von ihrem Tag berichten, hatten Freunde zum Essen dabei, machten Musik, lagen vor dem Fernseher herum oder hörten auch mir zu, wenn ich von meinem Tag berichtet habe. Jetzt sind sie aus dem Haus, und ich habe immer noch meinen Superjob und alles, was damit zusammenhängt. Warum also spüre ich solch eine Lücke, solch ein Loch in meinem geschäftigen, erfüllten Leben? Ich hätte nie gedacht, daß mir das passieren könnte.

Frauen haben oft hohe Erwartungen an sich selbst, und da unsere Gesellschaft die Notwendigkeit betont, die Kinder loszulassen, sind viele überrascht, daß sie so reagieren, besonders wenn ihr Leben von anderen Aktivitäten und Interessen erfüllt ist. So wurde es einmal in einer Diskussion über das leere Nest in einer Gruppe von Müttern formuliert:

> Für manche Leute ist dies fast wie ein Trauerfall, und man braucht Zeit, um hindurchzukommen. Es hilft, wenn man

> sein eigenes Leben lebt, doch ich glaube nicht, daß es den Schmerz völlig nimmt.

Können wir uns darauf vorbereiten, während unsere Kinder noch klein sind? Jill Welbourne meint, ja:

> Genauso wie Sie ein Kind auf die Unabhängigkeit als Erwachsener vorbereiten, wenn es etwa drei ist, indem Sie es fragen: »Möchtest du deinen Kakao aus dem roten oder aus dem blauen Becher trinken?« oder »Magst du heute den Anorak oder das Fleece-Hemd anziehen?«, damit es innerhalb seiner Grenzen Unabhängigkeit lernt – man wird nicht plötzlich an seinem 18. Geburtstag fähig, eigene Entscheidungen zu treffen –, ganz genauso fangen Sie selbst an, darüber nachzudenken, was Sie tun werden, wenn die Kinder aus dem Haus sind, am besten irgendwann auf dem Heimweg von der Entbindungsstation.

Ein großartiger Rat, auf den nur wenige Mütter kommen würden. Die Zeit, in der wir uns vielleicht vorbereiten können, ist die Teenagerzeit, in der unsere Kinder zwar noch zu Hause leben, aber ihre Eigenständigkeit einzufordern beginnen, oft in Form von Rebellion und oft, indem sie sich absentieren, für längere Zeit in ihr Zimmer verschwinden oder mit Freunden ausgehen. Im Rückblick erscheint mir diese Zeit als Vorbereitung auf den endgültigen Auszug – sie sind bei dir, aber irgendwie nicht dabei –, doch die Stille, das Fehlen jeglicher Vitalität, wenn sie fort sind, ist schwer vorstellbar.
Wie eine Freundin es einmal ausdrückte:

> Als sie Babys waren, konnte ich mir nicht vorstellen, daß sie in die Schule gehen würden, und als sie in die Grundschule kamen, konnte ich sie mir nicht im Gymnasium vorstellen oder an der Universität – und so weiter. Wir leben in der Gegenwart – wir können nicht vorausprojizieren und darüber nachdenken, wie es sein wird, wenn sie groß sind.

Als Mütter von erwachsenen Kindern wissen wir nur allzugut, wie schnell ihre Kindheit vorübergeht. Wenn ich an meine

23jährige Tochter in Amerika, meine 20jährige Tochter an der Universität und meinen 17jährigen Sohn auf der Schwelle zum Erwachsensein denke, kann ich kaum glauben, daß so viele Jahre vergangen sind, seit ich zum ersten Mal die Klinik mit einem funkelnagelneuen Kinderwagen verließ. Ich glaube, mir war nicht bewußt, wie die Jahre vorüberziehen – ich war viel zu sehr mit der Gegenwart beschäftigt. Ich erinnere mich an ein Foto meines Sohnes, als er zehn war – durch irgendeinen Trick der Kamera oder seinen Gesichtsausdruck in diesem Augenblick konnte man genau sehen, wie er einige Jahre später aussehen würde – und genauso sieht er auch aus. Ich erinnere mich, wie ich versuchte, mir einen 16- oder 17jährigen vorzustellen – doch das gelang mir nicht, denn in der Realität hatte ich einen Zehnjährigen.

Wir können den Müttern kleiner Kinder nur raten, das Beste aus der Kindheit ihrer Kinder zu machen. Es fällt leicht, beim Hantieren mit Windeln und Buggys zu wünschen, man sei schon einen Schritt weiter, doch dabei verpaßt man die Realität der Gegenwart. Ich habe dies neulich einer Freundin mit einem fünf- und einem neunjährigen Kind gesagt, und sie dachte darüber nach und dankte mir dann. Sie war froh, daß es ihr jemand gesagt hat. Es hat ihre Art, ihre Kinder zu sehen, verändert, und sie hält seither gezielt Bilder von ihnen vor ihrem geistigen Auge fest und macht sich den Ablauf der Zeit bewußt.

Und da es also fast unmöglich ist, vorauszuschauen, ist es nur natürlich, daß wir zurückblicken, wenn die Zeit des Abschieds kommt, ehe wir bereit sind, vorwärts zu gehen.

3. Wer leidet unter dem »Leeres-Nest-Syndrom«?

Kein Mensch kann von sich behaupten, daß er vor den oft unvorhersehbaren und unerwarteten Emotionen der Phase, in der unsere Kinder das Haus verlassen, gefeit sei. Auch Väter können betroffen sein, wenngleich insgesamt weniger oft und weniger stark. Es kann Frauen treffen, die ziemlich sicher sind, daß ihnen so etwas nicht passieren kann, die eine recht klare Vorstellung davon haben, was Mutterschaft bedeutet. Viele Frauen, mit denen ich sprach, gaben zu, daß die Gefühle, die mit dem Ende dieser Phase ihrer Mutterschaft einhergingen, sie vollkommen überrumpelten. Dennoch betreffen die Schwierigkeiten mit dem Übergang nicht alle Frauen; tatsächlich gibt es keine unmittelbar einleuchtende Erklärung dafür, warum manche Frauen betroffen sind und andere nicht. Doch es gibt Gründe dafür, und es mag nützlich sein, sich einige davon anzusehen.

Als ich etwa 200 Berichte über die Gefühle von Frauen beim Auszug ihrer Kinder zusammengetragen hatte, drängten sich mir einige Fragen auf. Welche Art Frau leidet unter dem »Leeres-Nest-Syndrom«? Warum erschien es einigen als sanfter Übergang, warum waren andere am Boden zerstört? Warum sprachen so viele Frauen von einem Verlust wie beim Tod eines nahen Angehörigen? Warum hatten sie das Gefühl, ihr Leben habe keinen Sinn mehr? Und umgekehrt, warum hatten manche Frauen das Gefühl, eine aufregende neue Ära stehe ihnen offen, ganz ohne Kummer, abgesehen vielleicht von einer vorübergehenden Traurigkeit, wie sie jeden derartigen Übergang begleitet? Ich stellte fest, daß der Zentralbegriff dabei »Verlust« war. Doch warum war er nicht einheitlich, wie wenn zum Beispiel ein Kind stirbt – eine allgemein anerkannte Tragödie, mit der sich alle Mütter identifizieren können?

Es gab keine naheliegenden Antworten. Es gab kein erkennbares Muster; es gab Frauen, die gearbeitet hatten, andere, die zu Hause geblieben waren, und solche, die außerhalb des Hauses ehrenamtliche Tätigkeiten übernommen hatten. Es gab alleinstehende Frauen und solche in glücklichen, liebevollen Beziehungen mit Ehemann oder Partner. Es war unmöglich, den Begriff »Leeres-Nest-Syndrom« bestimmten Kategorien zuzuordnen – es trat scheinbar völlig zufällig auf. Daher dachte ich, daß hier andere Faktoren zum Tragen kommen müssen. Ich befragte zwei kluge und erfahrene Frauen hierzu. Tirril Harris ist Psychologin und Psychotherapeutin an der Universität London. Ruth Young ist Psychotherapeutin. Ich wußte, diese beiden Frauen hätten das Wissen und die Intelligenz, diese Frage für mich zu beantworten, und das taten sie.

Ich schilderte Ruth einen Fall. Es ging um eine Frau, die offenbar auf allen Ebenen im Leben erfolgreich war. Sie ist eine recht bekannte Persönlichkeit, die eine beachtliche und erfreuliche Karriere gemacht hat. Sie ist eine starke Persönlichkeit und hat ein ausgeprägtes Selbstwertgefühl – zumindest nach außen hin. Und sie hat einen Ehemann, den sie liebt. Dennoch verfiel sie in schwere Depressionen, als ihre Kinder aus dem Haus gingen. Ein Jahr danach scheint sie mit ihrem Verlust immer noch nicht fertig zu werden. In diesem Jahr erlebte ihre Karriere einen kräftigen Einbruch, doch das bedeutet ihr wenig. »Ich würde sie auch aufgeben«, sagte sie, »wenn ich die Uhr zurückdrehen und die Kinder wieder um mich haben könnte, mit ihren Freunden, wie sie unzählige Tassen Kaffee trinken und reden und reden, während ich ihnen allen ein großes Essen koche und ihre Gesellschaft genieße.«

Ruth sagte dazu:

> Die Frau, die mit Freuden einem Dutzend junger Leute ein Essen kocht, sollte sich fragen, für wen sie das tut. Würde die Arbeit in einer Kantine zum Beispiel dieselbe Funktion erfüllen? Es könnte mehr mit ihrem Selbstbild als gute Mutter zu tun haben als mit der Befriedigung der Bedürfnisse der Kinder. Für manche Frauen kann dies die einzige Mög-

lichkeit sein, sich gut zu fühlen – es bestätigt sie, es verschafft ihnen das Gefühl, daß sie einen Grund zum Leben haben, eine Existenzberechtigung. Wenn ich darüber nachdenke, was Menschen daran hindert, von einer Phase in eine andere überzutreten, dann komme ich immer wieder auf das Wort »bestätigen« zurück. Es kommt aus dem Bewußtsein, daß sie kein Recht zu existieren und keinen Lebensinhalt haben, solange sie nicht von jemand anderem gebraucht werden. Ich denke, das geht auf eine frühkindliche Prägung zurück. Wenn du in dieser frühen Phase ständig vermittelt bekommst, daß du genau das bist, auf das sich jeder gefreut hat, und daß du liebenswert bist und alle sich wirklich freuen, daß du da bist, dann, glaube ich, haben die Menschen niemals Schwierigkeiten damit, von einer Phase in die nächste zu gleiten, denn da ist etwas in ihrem Inneren, das sie begleitet, was auch geschieht, ein Urvertrauen. Und ihre Existenz ist nicht abhängig davon, ob sie von anderen Menschen gebraucht werden, oder davon, daß sie selbst jemanden brauchen. Natürlich gibt es Zeiten, in denen sie glücklich dabei sind, für jemanden zu sorgen, doch ihre Existenz, ihr eigentliches Sein hängt nicht davon ab.

Diejenigen, die mit dem Leben und Widrigkeiten gut fertigwerden, die sich am eigenen Schopf aus dem Sumpf herausziehen können und in Krisen resolut und kompetent wirken, werden weithin bewundert. Doch sollte man nicht vergessen, daß diejenigen, die scheinbar untergehen, die Hilfe benötigen, die in den Augen der Welt schwach erscheinen, möglicherweise als Kind nie das Gefühl erlebt haben, daß sie wichtig sind und daß ihre Existenz das Leben der Menschen um sie herum bereichert. Doch ist diese Art Urvertrauen nicht sehr selten? Ich fragte Ruth.

Ich glaube nicht, daß es so selten ist, wie man erwarten könnte. Nimm allein uns mit unserer eigenartigen Kindheit (Ruth und ihre Schwester hatten kein richtiges Zuhause mehr gehabt, seit ihre Mutter gestorben war, als Ruth sechs Jahre alt war) – wir hatten nie dieses Gefühl, daß wir nur existierten, solange wir das wären, was andere Menschen sich wünschten. Ich kann nur annehmen, daß bei mir sechs Jahre ausreichten, um mir diese Sicherheit zu geben. Das ist einer der Gründe, weshalb ich glaube, daß es nicht besonders viel ausmacht, was danach geschieht, wenn Frauen mit ihren Kindern mindestens so lange leben können, bis sie vier sind, daß es aber furchtbar ist, die Mutter mit sechs Monaten zu verlieren und sich ein Kind danach nicht kontinuierlich in einem Augenpaar spiegeln kann, bis es spürt, daß es irgendwie da ist.

Es scheint mir, daß man nur eine grundlegende Frage zu stellen braucht, wenn jemand zu sehr trauert, sobald die Kinder aus dem Haus sind – warum hat diese Frau so wenig Selbstwertgefühl? Was für ein Selbstwertgefühl hat sie als Kind gehabt; was spürte sie von sich selbst, wer sie war? Ich glaube, daß es Menschen sind, die nie dieses sichere Gefühl ihrer eigenen Identität erlebt haben, die daher ständig versuchen, im Zentrum der Aufmerksamkeit zu stehen. Ich meine das nicht negativ, sondern nur vom Gefühl der Person aus, die gebraucht wird. Urvertrauen ist ein Gefühl, o.k. zu sein, egal was ist. Diese Sicherheit läßt sich sehr schwer definieren, doch sie steckt hinter alledem. Und nichts kann sie wegschieben, wenn sie einmal da ist.

Ich erinnerte Ruth an eine gemeinsame Bekannte, die eine derart unglückliche Kindheit gehabt hatte, daß sie mit 21 ihren Namen änderte, als sie heiratete, um in einer symbolischen Geste ihre Vergangenheit abzulegen und mit einer neuen Identität von vorn zu beginnen. Ruth sagte dazu:

Und sie baute diese Identität auf ihrer Heirat und ihren Kindern auf. Nun, da die Kinder aus dem Haus sind, ist ihr dies auch genommen, und sie muß eine neue Identität aufbauen. Frauen, die stark unter dem leeren Nest leiden, sind oft super-gewissenhafte Mütter. Man fragt sich, was dieses Bedürfnis ausgelöst hat, alles richtig zu machen. Es hat recht früh in ihrem Leben eine ziemlich schwere Verwundung gegeben, und die ist jetzt aufgebrochen. Ich glaube, diese

> frühe Verwundung ist der Kern des Unterschiedes zwischen Frauen, die leiden, und jenen, die es nicht tun, ich bin davon überzeugt. Nach all dem, was ich je gelesen oder von Leuten gehört habe, deren Wissen und Ansichten ich respektiere, scheint dies ganz sicher der Fall zu sein.

Ruth erwähnte auch Konrad Lorenz' berühmte Prägungsversuche mit Gänseküken, die vor ihren Müttern einen Menschen sahen und nun dieser Person folgten und sie imitierten; in das Gehirn des Kükens war der Mensch unauslöschlich als Mutter geprägt.

> Es gibt diesen entscheidenden Moment bei uns, in uns, und wenn wir den verpassen, geraten wir aufs falsche Gleis.

Wenn wir ihn also verpassen, fragte ich, verwenden wir dann unbewußt unsere Kinder als Ersatz für jene Erfahrung?

> Ich glaube, ja, wir bemuttern sie, anstatt selbst bemuttert worden zu sein, eine Art Ersatzhandlung. In einem gewissen Sinn wird unser vernachlässigtes inneres Kind mit bemuttert, wenn wir unsere Kinder bemuttern. Es wirft dich direkt an deine eigenen Anfänge zurück, in jene Zeit, in der dieser Kanal der Mutterbeziehung geschlossen wurde.

Wenn Frauen keine angemessene Mutterbeziehung erlebt haben, so fragte ich Ruth, ist es dann nicht wahrscheinlich, daß sie auch keinen Sinn für Familie haben? Könnte das Bekommen eigener Kinder sie dazu bringen, zu versuchen, die Familie zu schaffen, die sie selbst nie hatten?

> Ich glaube, ja. Wann immer ich darüber nachgedacht habe, kam ich zu demselben Schluß – daß man irgendwie versucht, etwas wettzumachen, das man instinktiv benötigt, selbst wenn der Kopf davon nichts weiß.

Wenn das der Fall ist, sagte ich, und solche Frauen erfolgreich eine Familie aufgebaut haben, warum sind etwa 20 Jahre dann nicht genug, um den Schmerz aufzuhalten, wenn die Kinder gehen?

> Es geht nicht so sehr darum, etwas auszugleichen, das du nie gehabt hast, es geht darum, was dir dies gegeben hätte. Und das ist Identität, Selbstwertgefühl, ein Ego, wenn du so willst, das Gefühl, um deiner selbst willen zu existieren, ohne daß es eine Rolle spielt, wer da ist und wer nicht da ist. Das kannst du nicht ausgleichen. Doch du kannst an diesem Punkt lernen, es für dich selbst zu finden.

Als ich Tirril Harris die grundlegende Frage »Warum?« stellte, betonte auch sie, wie wichtig es ist, daß die Mutter selbst erlebt hat, bemuttert zu werden.

> Die Qualität der Mutterbeziehung ist grundlegend. Eine gute frühe Mutterbeziehung prägt sich tief in die Seele ein und vermittelt Urvertrauen. Diese Art Mutterbeziehung lehrt die Kinder, mit dem Leben fertig zu werden, und das bleibt ihnen erhalten. Das Fehlen einer Mutterbeziehung macht die Menschen verwundbar für Streß, nicht so sehr das Fehlen einer Mutter. Wenn diese frühe Mutterbeziehung nicht aufgebaut wird, verbringt die Frau später ihre Zeit als Mutter damit, das auszugleichen, was sie niemals hatte. Sie sehnt sich nach dem wunderbaren Moment, wenn zwei Menschen einander Trost geben, da sie dies als kleines Kind nie erlebt hatte. Und du bekommst eine Menge Trost, wenn du Kindern Trost gibst. Daher hängt viel davon ab, was die Mutter als Kind erlebt hat. Wenn sie emotionell unter Deprivation litt, unter mangelnder Mutterliebe, wird sie durch ihre eigenen Kinder verletzlich sein und möglicherweise stark leiden, wenn sie aus dem Haus gehen, da sie so viel in die Mutterrolle investiert hatte.

Ich fing an, dies zu verstehen. Von den Frauen, die ich befragt hatte, vermißten in der Tat diejenigen, die stark unter der Trennung von ihren Kindern litten, das Gefühl, selbst erwünscht gewesen zu sein. Sie hatten keine gute Mutterbeziehung erlebt. Manche, deren Mütter noch leben, begegnen ihnen mit schwierigen und ambivalenten Gefühlen.

Mütterliche Gefühle – Mythos oder Tatsache?

Gab es noch weitere Faktoren? Gab es verschiedene Stärken oder Formen mütterlicher Gefühle, die das Ende der aktiven Mutterbeziehung für manche Frauen schmerzhafter machten als für andere? Ich bat Ruth um ihre Ansicht:

> Jeder Mensch trägt in sich eine Mischung aus männlich und weiblich, daher variieren die mütterlichen Gefühle. Jeder Mensch ist eine eigene Mischung. Daher verspüren manche Frauen überhaupt kein Bedürfnis danach, Mutter zu werden, und befassen sich auch nicht wirklich damit, während andere es völlig natürlich finden. Das Ende einer aktiven Mutter-Kind-Beziehung ist schwieriger für die Frauen, die fast völlig weiblich sind, und nicht so selbstverständlich wie für Frauen, die weitgehend männlich sind.

An dieser Stelle unseres Gesprächs fiel mir Miriam Stoppards berühmtes Fernsehinterview mit Margaret Thatcher ein, die ihre maskuline Seite bis zum fast völligen Ausschluß ihrer Weiblichkeit entwickelt hatte. Mrs. Thatcher erinnerte sich an den Tag, an dem ihre Zwillinge geboren wurden, und beschrieb, wie ihr, als sie sie sah, bewußt wurde, wie leicht man in diese Richtung, in Richtung Mutterschaft gezogen werden könne. Das Hervorbrechen ihres weiblichen Potentials alarmierte sie offenkundig, denn, wie sie Miriam Stoppard stolz erzählte, sie bog es um, indem sie sich hier und jetzt zur Anwaltsprüfung anmeldete, direkt aus der Klinik, noch am selben Tag, an dem sie die Kinder geboren hatte. Wie eine Freundin von mir damals trocken bemerkte: »Sie hatte Angst, sie könnte zur Frau werden, und mußte sofort etwas dagegen tun.« Offenbar machte Margaret Thatchers hochentwickelter Animus, ihr männliches Prinzip, sie blind für die Vollzeitbeschäftigung als Mutter als Alternative. Umgekehrt erfüllt jene Frauen, die eine hochentwickelte weibliche Seite haben und starke und unmittelbare mütterliche Gefühle entwickeln, die Aussicht, ihre Kinder zu verlassen, um wieder zu arbeiten, mit Verzweiflung.

Investitionen

Das leere Nest trifft jene Mütter schwer, die sich weitgehend der Mutterrolle gewidmet haben. Das hat nicht unbedingt etwas damit zu tun, wieviel Zeit sie zu Hause verbracht haben, nicht einmal mit der Art ihrer Mutter-Kind-Beziehung. Es betrifft eher den emotionalen Input in die Mutterrolle, sei er nun bewußt oder unbewußt erfolgt. Wenn eine Frau zuläßt, daß ihr gesamtes Ich von ihren Kindern besetzt wird, wenn sonst nur wenig in ihrer Welt ihr wichtig ist, wird sie sich regelrecht zerstört fühlen, wenn die Identität, die sie so ausgefüllt hat, zu Ende ist. Die Höhe ihrer Investitionen läßt sie Bankrott und ohne andere Aktivposten zurück, auf die sie zurückgreifen könnte. Wie Ruth es ausdrückte:

> Das, was du dir am meisten wünschst, ist die Quelle deines Selbstbildes. Das gilt sowohl für eine Karriere als auch für die Mutterschaft. Eine Frau kann durch ihre Arbeit oder durch ihre Mutterrolle bestätigt werden.

Claire hatte gehört, daß ich dieses Buch schrieb, und fragte an, ob sie kommen und mit mir über ihre eigene Situation sprechen könne. Sie erklärte, sie sei gerade dabei, sich ein neues Leben aufzubauen, und darüber zu sprechen wäre Teil ihrer Therapie. Sie hoffe auch, daß ihre Erfahrung andere Frauen trösten und ermutigen könne, die das Gefühl haben, in der gleichen Situation zu sein. Und hier ist ihre Geschichte:

> Ich wußte immer, daß ich Kinder wollte. Als ich klein war, waren für mich die Spiele mit meinen Puppen sehr real – sie waren meine Kinder, und ich fragte mich, wie es wäre, groß zu sein und echte Kinder zu haben. Kinderwägen faszinierten mich, und meine Mutter mußte mich immer hochheben, damit ich hineinsehen konnte. Als ich etwas älter wurde, etwa zehn, glaube ich, hatte ich immer einen Haufen kleiner Kinder um mich herum. Mit ihnen war ich glücklicher als mit Kindern meines eigenen Alters. Ganz natürlich schien ich zu wissen, wie ich mit ihnen umgehen mußte,

und in diesem Alter hatte ich bereits starke mütterliche Gefühle und nahm sie in den Arm, wenn sie weinten oder wenn sie gefallen waren und sich verletzt hatten.
Etwa mit 13 las ich Teenager-Magazine wie Valentine und *Romeo.* Ich glaube, es gibt sie heute nicht mehr – es ging darin nur um Teenie-Romanzen, sehr unschuldig. Wir Schulmädchen hatten sie alle und sehnten uns nach dem Tag, an dem wir einem großen, dunkelhaarigen, gutaussehenden Mann begegnen würden! Ich war darin nicht anders – nur daß ich die anderen nie darüber sprechen hörte, daß sie Kinder wollten, höchstens, wenn sie sagten, daß sie ein nettes Haus und zwei Kinder haben wollten, so in dieser Art etwa. Für mich ging das tiefer. Ich dachte nie wirklich an eine Karriere, ich sehnte mich nur nach einem Heim und Kindern.
Meine Schule war stark mathematisch-naturwissenschaftlich orientiert, also studierte ich anschließend Mathematik. Ich hatte zwar die vage Idee, auch zu unterrichten, doch eigentlich betrachtete ich die Universität als Jagdrevier für einen Mann – einen Lebenspartner, den Vater meiner Kinder. Ich hatte Glück. Ich traf Keith in meinem Abschlußjahr, und wir heirateten kurz nach unserem Examen. Ich machte anschließend den Lehrabschluß, doch mein Herz war nicht bei der Sache, und gegen Ende dieses Jahres wurde ich schwanger. Ich war ekstatisch. Ich fühlte mich, als sei ich die erste schwangere Frau der Welt, ich fühlte mich unglaublich wichtig und als etwas ganz Besonderes. Ich las jedes Buch über Schwangerschaft, Geburt und Kinderpflege, das ich bekommen konnte, und ging in mehrere Mütterschulen, ich ließ wirklich nichts aus! Ich konnte nicht verstehen, wieso so viele Frauen ihre Schwangerschaft anscheinend wie etwas ganz Normales behandelten oder sogar als etwas Lästiges. Mir war egal, wie schlecht mir war, wie unwohl, es war alles wert. Dies war das Wichtigste, was mir je passiert war, und es gab nichts, was dieses Erleben schmälern konnte.
Während der Schwangerschaft war ich sehr nach innen ge-

kehrt. Ich interessierte mich nicht mehr für die Außenwelt, dachte nur noch an das Baby und wie es sein würde, wenn es da wäre. Ich war sicher, daß es ein Junge war. Vor meiner Schwangerschaft hatte ich viel gelesen – mir war stets bewußt, daß durch das Mathematikstudium meine literarische Bildung zu kurz gekommen war –, doch jetzt strickte ich nur, etwas, das ich mir vorher niemals hätte träumen lassen.

Simon kam durch einen Kaiserschnitt zur Welt, und ich war sehr enttäuscht, daß mir dadurch die Erfahrung des Gebärens fehlte. Es machte jedoch nichts aus, sobald ich ihn sah, war ich verliebt. So einfach war das. Ich hatte zunächst Probleme beim Stillen, und zu allem Überfluß war Keith auf das Baby eifersüchtig, doch ich war entschlossen, es Simon an nichts fehlen zu lassen. Das Leben sollte für ihn perfekt sein. Als er drei Monate alt war, schlug meine Mutter vor, daß sie ihn einen Nachmittag in der Woche nehmen würde, damit ich einkaufen gehen könne und die Freiheit hätte – ja, was zu tun? Es gab nichts, was ich tun wollte, das Simon nicht einschloß. Daher sagte ich nein. Damals merkte ich nicht, daß es für sie recht schön gewesen wäre, etwas Zeit mit ihm zu verbringen – schließlich war er ihr erster Enkel.

Als er etwa anderthalb war, merkte ich, daß ich wieder schwanger war. Es stellte sich heraus, daß ich Zwillinge erwartete, und ich war begeistert. Leider wurde es wieder ein Kaiserschnitt, doch das machte nichts aus. Ich bekam zwei Mädchen, Rose und Emily. Ich fühlte mich glücklicher, als ich verdient hatte. Keith widmete sich den Zwillingen viel mehr als Simon, und unsere früheren Probleme schienen gelöst zu sein.

Simon kam in den Kindergarten, als er drei war, und ich haßte das. Ich vermißte ihn so sehr. Ich spürte, daß ein anderer ihn übernommen hatte, und obgleich es irrational war, begann ich zu bedauern, daß er größer wurde. Ich machte Mengen von Fotos von ihm – irgendwie wollte ich ihn festhalten. Als er in die Schule kam und die Mädchen in den Kindergarten, war ich untröstlich. Ich bat Keith, noch ein Kind haben zu dürfen, und obgleich er dagegen war, gab er schließlich nach. Das war Charlotte. Ich brachte die anderen mit ihr im Kinderwagen in die Schule und fürchtete mich vor dem Tag, daß ich auch sie dort zurücklassen würde. Wir konnten uns aus finanziellen Gründen keine weiteren Kinder leisten, obgleich ich auf einen Zufall hoffte. Ich wurde sehr deprimiert, als Charlotte in die Schule kam, ich spürte, daß ein wichtiger Teil meines Lebens zu Ende war. Keith und meine Mutter schlugen vor, ich solle doch anfangen zu unterrichten. Ich könne es schließlich in den Schulstunden der Kinder tun, doch ich wollte nicht. Letzten Endes mußte ich, aus finanziellen Gründen, und ich fand es unerträglich, später als die Kinder nach Hause zu kommen. Ich wollte für sie da sein, mir von ihrem Schultag berichten lassen.

Mit den Leuten in meiner Schule hatte ich nicht viel zu tun, obwohl ich mich mit einigen ein wenig anfreundete. Ich hielt mich selbst für etwas weltfremd – als Mathematiklehrer hat man nicht besonders viel akademischen Gesprächsstoff, und ich hatte nicht wieder angefangen zu lesen. Meine gesamte Zeit und Energie schienen von meinen Kindern aufgebraucht zu werden. Meine Mutter schockierte mich eines Tages regelrecht. Sie sagte, daß ich schon richtig träge und langweilig geworden sei, daß ich nur noch über meine Kinder reden könne und Gefahr laufe, eine engstirnige besitzergreifende Mutter zu werden. Ich erinnere mich, wie ich sie anstarrte und dachte: »Du hast gut reden, du weißt nicht einmal, was das Wort Bemuttern bedeutet.«

Je älter die Kinder wurden, desto mehr wurde ich in ihr Leben eingebunden, das reich und vielfältig war. Die vier waren sehr unterschiedlich und verfolgten eine unglaubliche Spannbreite an Interessen und Aktivitäten. Ich liebte all das und fühlte mich als Angelpunkt, um den sich ihre Welt drehte. Sie waren jedenfalls das Zentrum meiner Welt. Ich weiß nicht, wieviel ich sie im Auto herumkutschierte, wie viele Kostüme für Aufführungen ich für sie nähte, wie viele Stunden ich damit verbrachte, ihnen beim Üben auf einem

Instrument zuzuhören oder ihnen bei den Hausaufgaben zu helfen. Das alles war für mich ungeheuer anregend. Ich hatte keine besonders ausgeprägten Sozialkontakte, doch sie fehlten mir auch nicht – meine Kinder waren meine Begleiter und Freunde und gute Gesellschaft. Keith war viel losgelöster, doch wir waren eine sehr enge Familie. Ich glaube, es verging kein Tag, an dem ich nicht für meine Familie dankte. Sie waren alles, was ich je begehrt hatte – und noch viel mehr.

Natürlich wurden sie groß. Sie wurden unabhängig. Sie benötigten mich nicht mehr auf die gleiche Weise. Sie waren stundenlang weg, und die Zeit mit ihren Freunden war ihnen wichtiger als die mit der Familie. Ich hatte jedoch noch eine Aufgabe – riesige Mahlzeiten für ganze Horden junger Leute zu kochen, die stets kurz vor dem Verhungern waren. Das Haus war ständig voll, und ich wagte gar nicht, daran zu denken, wie es sein würde, wenn es leer war.

Als Simon auf die Universität ging, nahm mich das furchtbar mit. Ich fürchte, ich klammerte mich an ihn und weinte, als wir ihn an seinem Wohnheim absetzten. Er pflegte den Kontakt nicht sehr. Er fand rasch Freunde, und eine Gruppe von ihnen blieb über die Ferien in Manchester, sie hatten dort alle Jobs. Ich fühlte mich, als sei eine Art Band zerschnitten worden, und der Schmerz war fast physisch. Ich bekam tatsächlich mörderische Bauchschmerzen, mit denen ich zum Arzt ging, doch medizinisch fehlte mir nichts. Dann gingen Rose und Emily gemeinsam aus dem Haus. Erst gingen beide ins Ausland, und dann besuchte Rose die Universität, und Emily ging zur Krankenschwesternausbildung nach London. Ich fühlte mich, als sei meine vertraute und sichere Welt zerbrochen. Ich wußte kaum mehr, wer ich war, worin meine Aufgabe im Leben bestand, was der Sinn des Lebens war. Ich fühlte mich schuldig, denn ich hatte vier wunderbare Kinder, und Charlotte war ja noch zu Hause, doch sie würde bald ausziehen, und ich sah für mich keine Zukunft. Ich haßte meinen Job, er schien so sinnlos, so unproduktiv und vergeblich.

Ich wurde schwer depressiv, nahm ab, konnte nicht schlafen, kam mit dem Leben nicht zurecht und wurde für einige Zeit krankgeschrieben. Mein Arzt gab mir Antidepressiva, die ein wenig halfen, doch die zugrundeliegende Traurigkeit blieb. Ich konnte wieder arbeiten, doch es war, als würde ich alles wie durch einen Schleier tun. Ich verlor jedes Interesse an Sex, und das belastete unsere Ehe. Ich versuchte, mich nicht an Charlotte zu klammern, doch ich fürchte, das gelang mir nicht, und sie reagierte darauf, indem sie sich stark distanzierte und nur noch nach Hause kam, wenn es absolut notwendig war. Ich versuchte ihr zu erklären, wie ich mich fühlte, doch das war ein Fehler; sie war zu jung, und außerdem war es nicht fair, ihr meine emotionalen Mängel aufzubürden. Ich hatte vom Leeres-Nest-Syndrom gehört, doch ich hatte noch nie jemanden getroffen, den es so erwischt hatte wie mich, und ich hatte das Gefühl, mit mir stimme etliches nicht. Meine Mutter war keine Hilfe, sie war eher ätzend, doch wir standen uns nie sehr nahe. Das Eigenartige war, daß mir zum ersten Mal in meinem Leben bewußt war, daß ich es dringend brauchte, von ihr bemuttert und irgendwie getröstet zu werden, und ich wußte, das würde niemals geschehen. In der Depression fühlte ich mich wie ein Kind.

Eines Tages war ich beim Arzt für eine routinemäßige Blutuntersuchung, und ich brach einfach in Tränen aus. Die Schwester war sehr mitfühlend, und ich erzählte ihr, wie ich mich fühlte – alles sprudelte aus mir heraus. Es hatte sich lange aufgestaut, ich hatte mit niemandem darüber sprechen können, und es war wie ein Dammbruch. Sie sorgte dafür, daß ich zu der Therapeutin kam, die mit der Praxis zusammenarbeitete. Ich sehe sie seither einmal in der Woche, und obgleich es schmerzhaft ist, begreife ich eine Menge über mich selbst und meine Beziehung zu Kindern. Ich selbst hatte eine einsame, traurige Kindheit, mit einer kalten, abweisenden Mutter (ich war ungeplant und ungewünscht). Ich weiß, daß ich mich nach Zuneigung sehnte, und ich fand sie zunächst bei meinen Puppen, die für mich

sehr real waren, und dann bei den Kindern, die ich bemuttert habe. Ich weiß, daß es ein kaltes, leeres Loch in mir füllte. Meine Therapeutin half mir zu begreifen, daß meine Sehnsucht nach Kindern und meine Gefühle, mit denen ich ihnen begegnete, ein unbewußter Versuch waren, die Wärme und Liebe zu erzeugen, die ich früher nie erlebt hatte. Es war für mich wie eine zweite Chance.
Ich glaube, es ist noch ein weiter Weg, doch ich fange an zu glauben, wenn auch sehr vorsichtig, daß ich meine eigene Identität finden werde, die nicht nur »Mutter« heißt, und daß es jenseits der Kinder noch Leben geben wird. Und natürlich habe ich sie nicht verloren. Ich muß nur lernen, mich von ihnen zu trennen. Vom Augenblick meiner ersten Schwangerschaft an habe ich meine gesamte Emotion auf eine Karte gesetzt.

Es gibt noch weitere Gründe, aus denen das leere Nest besonders schmerzhaft erlebt wird. Wie Tirril Harris betont, ist es für manche Frauen weniger der Auszug der Kinder, der schmerzhaft ist, als vielmehr das Gefühl, sie seien als Mutter nicht mehr geschätzt.

Der eigentliche Auszug der Kinder erhält weniger Bedeutung, wenn die Mutterrolle weiterhin geschätzt wird und wenn die Frau das weiß. Ihre Rolle und Identität sind noch intakt; sie bleibt Mutter, obleich ihre Kinder ausgezogen sind. Wenn der Eindruck entsteht, sie sei dieser Rolle beraubt, sind Traurigkeit und Kummer die Folge.

Dies ist keineswegs ungewöhnlich; wenn junge Leute ausziehen, streben sie meist nach Autonomie und Unabhängigkeit. Das ist fast immer ein kurzfristiger Übergangszustand, der so lange anhält, wie sie sich selbst und uns beweisen, daß sie ohne unsere Hilfe leben können, indem sie die Schürzenbänder durchschneiden. Die Mutter kann das als Abweisung erleben, wenn sie nur wenige Wochen vorher vollauf in Hilfestellung bei Abschlußarbeiten, Prüfungsvorbereitungen, gemeinsamen Universitätsbesuchen, Heirats- oder Umzugsvorbereitungen oder das Studium von Stellenangeboten eingebunden war. Diese Distanzphase geht meist vorüber (siehe Kapitel 6), doch solange sie anhält, ist sie schmerzhaft.

Selbstwertgefühl

Ein wichtiger Faktor bei der Entwicklung eines schweren »Leeres-Nest-Syndroms«, das meist mit allen oben genannten Ursachen zusammen auftritt, ist ein geringes Selbstwertgefühl. Eine Frau, die ihren wahren Wert nicht erkennt, kann stellvertretend ihren Wert über ihre Kinder erhalten. Die Frau mit niedrigem Selbstwertgefühl kann emotional durch die bedingungslose Zuneigung ihrer kleinen Kinder genährt werden, und das kann ihr Selbstbild verändern, wer sie ist und wo ihre Stärken liegen. Sie investiert möglicherweise viel in die Leistungen ihrer Kinder, wird vielleicht eine so treibende Kraft, daß der Erfolg ihrer Kinder auch ihr zum Ruhm gereicht. Oder sie wird die »perfekte« Mutter, die ihren Stolz in die tadellos gewaschene und gebügelte Kleidung ihrer Kinder, ihre pünktlich zubereiteten Mahlzeiten, ihre guten Manieren und ihren Gehorsam steckt. Ihre Kinder werden zum Maßstab, an dem sie sich mißt, und solange die Kinder im Haus sind, hat sie eine Quelle des Stolzes und wiederum eine sehr bestimmte Rolle.
Und dann sind sie fort, und die Frau ist verloren, haltlos, wie nach einem Todesfall. Sie schaut in sich hinein, und dort ist niemand; die Person, als die sie sich selbst sieht, ist Meilen entfernt auf der Universität mit ihrem Sohn oder am neuen Arbeitsplatz mit der Tochter. Und sie fällt zusammen wie ein geplatzter Ballon und versinkt häufig in tiefe Depression.

Alleinerziehende Eltern

Hier möchte ich nicht zu stark kategorisieren, denn es gibt viele Möglichkeiten. Keineswegs alle alleinerziehenden Mütter erleben den Verlust stärker als ihre verheirateten Schwestern; auch viele verheiratete Frauen haben von einem Gefühl der Isolation gesprochen, das durch die Verständnislosigkeit oder Ungeduld ihres Mannes im Umgang mit ihren Gefühlen des Verlustes und der Trauer verstärkt wurde. Dennoch ist eine Frau, die ihre Kinder den größten Teil ihres Lebens allein großgezogen hat, für Verlustgefühle empfänglicher als eine Frau, die in einer glücklichen, anregenden Beziehung mit Ehemann oder Partner lebt. Für die alleinerziehende Mutter sind die Kinder der primäre Ansprechpartner, sie sieht sie nach ihrem Bild, geprägt durch ihren Einfluß aufwachsen. Wenn sie größer werden, werden sie zunehmend zu Freunden, und die Bänder können sehr eng geknüpft werden. Wenn die Kinder einer alleinerziehenden Mutter aus dem Haus gehen, ist sie wirklich allein, und oft betont das leere Nest nur die Einsamkeit ihres Singledaseins.

Dies gilt meist besonders für alleinerziehende Mütter von Einzelkindern. Einzelkinder werden effektiv zu Partnern, besonders wenn sie größer werden und an Aktivitäten und Entscheidungen der Erwachsenen teilhaben und – ohne sexistisch zu sein: Das Gefühl für die Partnerschaft ist noch stärker, wenn das Kind ein Sohn ist. Die Beziehung zwischen der alleinstehenden Mutter und ihrem Sohn kann besonders eng sein, und obgleich es aus diesem Grund erstrebenswert ist, daß der Sohn sobald als möglich nach Beendigung der Schule aus dem Haus geht, ist es für die Mutter so, als verlöre sie gleichzeitig das Kind und den Partner.

Cara heiratete mit 22 und bekam im folgenden Jahr ihren Sohn Gabriel. Zwei Jahre später verließ sie ihr Ehemann mit der Begründung, er fühle sich zu jung für die Bindungen von Ehe und Vaterschaft. Er besuchte Gabriel noch etwa ein Jahr, verschwand dann aber aus beider Leben. Cara setzte ihre ganze Energie dafür ein, Gabriel Mutter und Vater zugleich zu sein.

Die Zeiten waren schwer. John (der Ex-Mann) schickte ab und zu etwas Geld für Gabriel, zahlte jedoch keinen regel-

mäßigen Unterhalt, und es gelang den Behörden auch nicht, ihn festzunageln. Damals gab es noch kein Jugendamt wie heute. Also mußte ich arbeiten. Ich haßte es, meinen kleinen Jungen allein zu lassen, doch ich hatte keine andere Wahl. Ich hatte keine Berufsausbildung, daher arbeitete ich als Büroangestellte. Ich verdiente nicht viel, doch es reichte gerade. Gabriel war bei meiner Mutter, während ich arbeitete, doch als er sechs Jahre alt war, starb sie. Danach gab es nach der Schule Tagesmütter, doch entweder sie zogen um, oder sie gaben auf, und ich mußte eine andere suchen. Der Mangel an Kontinuität bereitete mir Sorgen, obgleich Gabriel in der Schule sehr glücklich war.
Ich hielt es für absolut lebenswichtig, daß die Zeit, die ich mit ihm verbrachte, gezielt genutzt werden sollte – die Amerikaner sagen dazu »quality time« –, damit ich ihm auch ohne Vaterfigur in seinem Leben eine positive Grundlage mitgeben konnte. Als er klein war, war ich immer da, wenn er ins Bett ging, und wir nahmen immer gemeinsam unsere Mahlzeit ein, wenn ich von der Arbeit kam. Es gab Männer in meinem Leben, doch ich ließ nichts Ernsthaftes daraus werden. Einerseits wollte ich abends nicht oft ausgehen, andererseits sollte Gabriel auch nicht eine Reihe von »Onkeln« erleben, die durch das Haus gingen, und vor allem nicht durch mein Bett. Hätte ich jemanden kennengelernt, mit dem ich zusammenleben oder den ich heiraten wollte, wäre das anders gewesen, doch dazu kam es nicht. Das war recht einsam, muß ich zugeben, denn schließlich war ich noch recht jung, doch ich dachte, dafür sei noch Zeit, wenn Gabriel mich nicht mehr brauchte.
Ich genoß seine Teenagerzeit. Obgleich mir das Fehlen eines Vaters Sorgen machte, hatte er in meinem Bruder, zu dem ich ein sehr enges Verhältnis habe, ein gutes Rollenvorbild, und ich dachte, daß Tom sich dieser Aufgabe ebenso gut wie jeder andere, der kein Vater war, entledigte. Als Gabriel 15 war, fing ich nebenher an, aufs College zu gehen – ich dachte, ich brauche etwas Anregendes für die Zeit, wenn er aus dem Haus wäre. Ich genoß die Tatsache,

daß wir beide gleichzeitig lernten, und spürte, daß ich endlich mein Gehirn benutzte.

Diese Jahre waren eine besonders gute Zeit. Das Haus war immer voll mit seinen Freunden, voller Lärm und Gelächter und Gesprächen und Musik. Fasziniert beobachtete ich, wie er ein Mann wurde. Er nahm mir gegenüber eine Beschützerrolle ein – eine Umkehrung des Verhältnisses. Er war umsichtig, er übernahm es unaufgefordert, die Kohlen hereinzuholen, den Müll hinauszutragen und ähnliches. Er wurde zum Herrn des Hauses und schien die Verantwortung zu genießen. Er ließ eine Alarmanlage installieren, da er sich Sorgen wegen der vielen Einbrüche in der Gegend machte. Doch es waren nicht nur solche praktischen Dinge. Als er 18 war, wurde mir bewußt, daß ich mich emotional recht stark auf ihn verließ. Unsere Beziehung war so eng, so wunderschön. Es war fast ein Zug von Gleichheit darin, so als wären wir zwei Erwachsene und nicht Mutter und Sohn. Verstehen Sie mich jedoch nicht falsch. Ich liebe es, seine Mutter zu sein.

Er wollte Arzt werden und ging mit 19 auf die Universität, um Medizin zu studieren. Er besprach die Entscheidung mit mir in jeder Phase durch, zeigte mir die Unterlagen der verschiedenen Universitäten, fragte mich um Rat. Ich fuhr mit ihm zu den Aufnahmegesprächen, und wir sahen uns alles gemeinsam an. Ich fühlte mich als Teil davon und verfolgte sehr aufgeregt alles, was er tat.

Dann war es plötzlich Oktober. Er räumte sein Zimmer auf, ich fuhr ihn zur Universität und half ihm, sich im Wohnheim einzurichten, und dann fuhr ich fast blind vor Tränen nach Hause. Ich war zerstört. Ich fühlte mich, als habe ich einen nahen Angehörigen verloren, und ich war einsamer, als ich das je für möglich gehalten hätte.

Gabriel hielt zunächst engen Kontakt. Er schrieb nicht, aber er rief an und fragte, wie die Dinge standen und ob es mir gut gehe. Ich hatte nichts gesagt, doch er spürte, wie sehr ich ihn vermißte. Ich versuchte, fröhlich zu sein und ihm meine kleinen Neuigkeiten zu erzählen, obgleich sie verglichen mit seiner eigenen aufregenden Arbeit trivial klangen. Ich lernte noch immer für meinen Collegeabschluß, doch ich dachte daran, das Studium aufzugeben und eine Ausbildung als Krankenschwester zu machen, um irgend etwas mit ihm gemeinsam zu haben. Seine Anrufe wurden seltener. Ich wußte, daß es ihm gut ging und daß er sich von mir lösen mußte. Einerseits gefiel es mir, daß ich ihn allein großgezogen hatte, doch ich fühlte mich so, als habe jemand einen Teil meines Körpers entfernt.

Im Laufe der kommenden Monate wurde es schlimmer anstatt besser. Ich wurde schwer depressiv und spürte, daß mein Sohn mir nun entglitt. Es schien so, als sei er der einzige Sinn meines Lebens gewesen – ich hatte ihn bekommen, als ich noch recht jung war, also war er fast mein ganzes Erwachsenenleben lang da gewesen. Ich hatte mich ausschließlich ihm gewidmet und fühlte mich nun völlig leer. Ich gab mein Studium auf, da ich unfähig war, mich darauf zu konzentrieren. Ich konnte nichts essen und nahm stark ab. Mit meinen Freunden konnte ich nicht darüber reden, wie es mir ging, denn sie waren alle so begeistert davon, wie gut es Gabriel schaffte, und gratulierten mir zu meiner Leistung.

Schließlich ging ich zu meinem Arzt. Er bot mir Antidepressiva und die Möglichkeit einer Therapie in der örtlichen psychiatrischen Ambulanz an. Ich war mit der Therapie einverstanden, lehnte die Antidepressiva jedoch ab. Ich war nicht prinzipiell dagegen, hatte aber den Eindruck, daß sie die wirklichen Gefühle, mit denen ich zu tun hatte, verschleiern würden. Die Therapie ist ausgezeichnet. Ich sehe die Gemeindepsychologin jetzt seit drei Monaten einmal in der Woche, und sie hat mir geholfen zu erkennen, daß Gabriel für mich mehr als nur mein Sohn geworden war – er hatte in meinem Leben den Platz meines Mannes eingenommen oder jedes anderen möglichen Partners, und in gewisser Weise habe ich zu ihm eine inzestiöse emotionale Beziehung aufgebaut. Das klingt hart, doch es ist die einzig angemessene Form, es zu beschreiben. Die Psychologin hat mir auch geholfen zu sehen, daß meine Hauptaufgabe bei Gabriel war, ihn großzuziehen, zu einem starken, unabhängigen, ganzen Menschen zu machen, und daß mir das gelungen ist. Es geht mir immer noch nicht gut, aber nicht mehr halb so schlecht wie vorher. Ich glaube, so etwas passiert relativ oft bei alleinerziehenden Eltern, besonders wenn nur ein Kind da ist. Letztendlich wird daraus eine Partnerschaft, eine Zweisamkeit. Die Psychologin beschrieb, wie das manchmal zu einer Beziehung mit gegenseitiger Abhängigkeit werden kann, aus der das Kind nicht ausbrechen kann, so daß es oft bis weit ins Erwachsenenalter hinein zu Hause wohnt, dabei keine seiner Möglichkeiten realisiert und emotional verkrüppelt. Das macht mich schaudern. Eines Tages werde ich vielleicht Enkelkinder haben, und darauf freue ich mich. Inzwischen schlagen sich Mutter und Sohn erfolgreich durch!

Was ist mit den Männern?

Es ist interessant, daß zwar viele Frauen, mit denen ich gesprochen habe oder die mir geschrieben haben, eine ganze Menge über die Veränderung ihrer Beziehungen zu ihren Ehemännern zu sagen hatten, jedoch die Gefühle des Vaters, wenn sein Kind aus dem Haus geht, nur selten erwähnt werden. Meist kommt es dazu, daß die Frau Kummer, Traurigkeit, Einsamkeit, das Gefühl, überflüssig zu sein, erlebt, während ihr Partner nicht weiß, wie er mit ihren Gefühlen umgehen soll. Manche versuchen sie abzutun oder sind offen ablehnend, während andere sich große Mühe geben, die Verzweiflung ihrer Frauen zu verstehen, sich jedoch machtlos und eher befremdet fühlen. »Er/sie ist schließlich nicht gestorben, sondern nur ausgezogen«, ist eine typisch männliche Bemerkung, die viele Frauen in ihren Berichten zitieren. Das läßt darauf schließen, daß dies insgesamt Vätern keine großen Schwierigkeiten bereitet, obgleich manche fraglos betroffen sind.

Graham Taylor, ehemaliger englischer Football-Manager, war ein solcher Vater; der Tag, an dem er seine 18jährige Tochter im College zurückließ, sei einer der finstersten Tage seines Lebens gewesen: »Ich habe mich noch nie so leer, so einsam und durcheinander gefühlt wie an dem Tag, als sie ihr eigenes Leben begann«, sagte er. Eine Freundin von mir sagte, daß ihr Mann kaum reagiert hatte, als ihre beiden Söhne auszogen, daß er aber an dem Tag, an dem ihre Tochter zum Studium aufbrach, offen weinte und wochenlang untröstlich war.
Vielleicht enthalten die Reaktionen dieser beiden Männer einen Hinweis. Unsere Kultur fördert nicht gerade die emotionale Nähe von Männern zu ihren Söhnen. Die meisten Väter und Söhne finden es immer noch schwer, Zuneigung körperlich zu zeigen, etwa sich zu umarmen oder zu küssen. Doch die Nähe zwischen Vätern und Töchtern ist anerkannt und daher zugelassen. Das Bild der Tochter, auch der großen Tochter, als »Papas kleines Mädchen« ist kulturell vertraut. Bis zu einer gewissen Grenze können Väter es sich also erlauben, ihr Bedauern zu zeigen, wenn ihre Töchter erwachsen werden, ausziehen und unabhängig werden – und natürlich ihre Väter durch einen Partner ersetzen.
Eine genauere Befragung der Väter in meinem Bekanntenkreis führte zu interessanten Resultaten. Auf die Frage, wie sie sich dabei fühlten, als ihre Kinder aus dem Haus gingen, antworteten die meisten, daß sie sich freuten, wenn sie ihren Platz in der Welt einnahmen, daß sie stolz auf ihre Leistungen waren und sich freuten, wenn sie zu Besuch nach Hause kamen. Ja, sagte ich, das ist gut und schön, doch wie fühlt ihr euch dabei? Diese Frage rief zunächst etwas Unbehagen hervor, bedingt durch die männlichen Hemmungen, über Gefühle zu sprechen (ohne allen Ausnahmen zu nahe treten zu wollen – ich weiß, daß es sie gibt). Allmählich formulierten einige von ihnen jedoch ihre verborgenen Emotionen:

> Ich denke oft daran, wie es war, als die Kinder klein waren, und wie ich sie damals genoß. Ich wußte, was sie brauchten, worin meine Rolle bestand und wie ich für sie sorgen

konnte. Jetzt kommen sie mir so unabhängig und selbstgenügsam vor – falls sie irgend etwas besprechen wollen, tun sie es eher mit meiner Frau. Ich fühle mich ein wenig überflüssig.

Jetzt, wo mein Sohn aus dem Haus ist, wünsche ich, ich hätte eine engere Beziehung zu ihm aufgebaut. Er war im Internat, und ich spüre, daß ich ihn nie richtig kennengelernt habe. Ich dachte immer, dazu werde es von selbst kommen, wenn er größer würde, denn dann wären wir Männer zusammen, doch er ist sehr anders als ich, und ich würde ihn gern besser verstehen. Ich weiß nicht, wie ich ihm jetzt noch näherkommen könnte, und hoffe, daß wir vielleicht, wenn er älter ist, feststellen, daß wir so etwas wie eine gemeinsame Basis haben.

Ich vermisse die Kinder nicht wirklich, aber ich wünsche mir, sie wären noch hier. Ich meine, ich bin so mit Arbeit eingedeckt, daß ich aus Zeitgründen nicht dazu komme, sie zu vermissen, doch wenn ich daran denke, daß sie fort sind, fühle ich Wehmut und würde die Uhr gern zurückdrehen. Aber es regt mich nicht auf. Sie tun, was sie wollen, und ich habe dabei eine Rolle gespielt.

Die anderen Männer, mit denen ich sprach, gaben sehr rationale Antworten. Manche sagten, sie waren nie in die intime Welt der täglichen Kinderbetreuung eingebunden gewesen und ihre Beziehung zu den Kindern sei daher eher rational. Fraglos vermißten Väter ihre Kinder, manche mehr als andere, doch ihre biologischen und emotionalen Bindungen sind anders. Das ist gut so, denn es sorgt für ein Gleichgewicht. Das einzige Problem beruht auf der Unfähigkeit des Mannes, die Traurigkeit seiner Frau zu verstehen oder zu tolerieren, auch wenn viele versuchen, sie zu unterstützen. Ich kann keine definitiven Schußfolgerungen ziehen, da ich dieses Gebiet nicht gründlich genug erkundet habe, doch ich meine, es ist vernünftig anzunehmen, daß Männer meist nicht sehr unter dem leeren Nest leiden.

Was vorkommen kann und auch oft vorkommt, ist, daß der Auszug der Kinder als Katalysator in der Beziehung zwischen ihren Eltern dient. Die Jahre, die der Aufzucht der Kinder, dem Betreiben einer Karriere und dem Streben nach finanziellem Aufschwung gewidmet sind, können ungemein aufreibend sein und die Beziehung zwischen Partnern auf ein erschöpftes Minimum reduzieren. Manche Paare stellen fest, daß sie ohne das verbindende Band der Kinder einander nichts mehr zu sagen haben; beide haben sich im Laufe der Jahre verändert und haben das Gefühl, neben einem Fremden aufzuwachen. Wenn das geschieht, kann die Ehe enden oder aus Gewohnheit aufrechterhalten bleiben, oder das Paar erkennt, was geschehen ist, und arbeitet daran, sich wieder zu finden.
Glücklicherweise finden viele Paare neue Kraft in ihrer Beziehung und genießen die Gelegenheit, Dinge wieder als Paar zu unternehmen, und teilen das Gefühl der Befriedigung, ihre Aufgabe als Eltern gut gemacht zu haben. Diese Paare sind zu beglückwünschen, denn offenbar vergeht die Trauer über das leere Nest bei einer Frau schneller, die sich in einer lebendigen, vitalen Beziehung rasch wieder als Hälfte eines Paares fühlen kann. Einige Untersuchungen an Paaren höheren Alters weisen darauf hin, daß eheliche Beziehungen in der Leeres-Nest-Phase besonders glücklich verlaufen, wenn die Partner wieder neu aneinander, an der Persönlichkeit und den Hobbies des anderen, Interesse finden.

Was ist normal?

Während der Arbeit an diesem Buch wurde ich oft gefragt, wie ein »normales« Ausmaß des Leeres-Nest-Syndroms aussieht. Dies ist eine wichtige Frage, die sich nicht leicht definitiv beantworten läßt. Viele Frauen erleben das Gefühl des Verlusts sehr stark, wie bei einem Trauerfall, und auch mehrere Monate lang, werden jedoch nicht klinisch depressiv wie Cara und stehen es durch. Vielleicht ist es wie die Frage, wann man bei einer Erkältung den Arzt rufen muß; sie kann gutartig sein und bald abklingen, es können Antibiotika notwendig werden, oder sie kann sich in Lungenentzündung verwandeln. Anders als bei der Erkältung versuchen die Frauen, die darunter leiden, es meist zu verbergen. Es ist schwer zu sagen, wann die Gefühle über das normale Trauern hinausgehen und pathologisch werden (die Checkliste für Depressionen von Seite 117 enthält gute Anhaltspunkte).

1993 erfuhr die schockierte Öffentlichkeit vom Tod von Nicolette Powell, der Frau des Sängers Georgie Fame, die Selbstmord begangen hatte, indem sie in Bristol von einer Brücke gesprungen war. Das Leben des Paares, das nach Nicolettes Scheidung vom Marquess of Londonderry geheiratet hatte, galt als »idyllisch, bis die Kinder groß wurden«. Bei der gerichtlichen Untersuchung kam zutage, wie sie in Depressionen verfallen war, nachdem ihre vier Kinder ausgezogen waren, und das Gefühl hatte, ihr Leben sei nun ziel- und sinnlos. Sie machte 1992 einen ersten Selbstmordversuch mit einer Überdosis Tabletten und Alkohol. Obgleich sie überlebte und ihr Zustand sich eine Zeitlang besserte, kam ihre Depression zurück.

Während dies offenbar ein Extremfall ist und Nicolette Powells Depression noch dazu fast sicher durch weitere Faktoren verstärkt wurde, kann dieser Fall uns zeigen, daß Menschen, die für Depressionen bereits empfänglich sind, sogar selbstmordgefährdet werden können, wenn ihre Kinder aus dem Haus gehen. Dr. Robert Bor von der City University, London, hat es so formuliert:

> Abgesehen von Geburt und Tod ist der Auszug eines Kindes die weitreichendste Veränderung, die eine Familie betreffen kann. Dies sollte als besonders streßbeladene Phase anerkannt werden – es ist sehr verbreitet.

Was nötig ist, ist eine größere Offenheit bezüglich des Leeres-Nest-Syndroms, eine breitere Anerkennung seiner Existenz und der Schmerzen und Einsamkeit, die es verursachen kann. Frauen benötigen ein Auffangnetz aus Freunden, Familienangehörigen und Ärzten, die fähig sind, diesen Zeitabschnitt als streßbeladen anzuerkennen, und die die Implikationen nicht wegschieben oder verniedlichen. Durch eine Schärfung des allgemeinen Bewußtseins kann besonders verletzlichen Frauen auch geholfen werden, die möglichen Gründe für ihre akuten quälenden Reaktionen zu verstehen, und viel könnte dann dazu beigetragen werden, die Isolation, den Kummer, die Depression und Hoffnungslosigkeit dieser Frauen zu lindern.

4. Nicht mehr dasselbe: Veränderung, Verlust und Identität

Das Gefühl des erlittenen Verlustes beim Auszug der Kinder kann in seiner Intensität zerstörerisch sein. Die Leere, der Schmerz und der Kummer sind oft überwältigend und fast so stark wie bei einem Trauerfall. Viele Merkmale eines Trauerfalls liegen vor – eine Frau geht etwa durch das Haus, findet es schwierig, das Zimmer des Kindes zu betreten, und weint unkontrolliert. Doch das Kind ist nicht gestorben, und das verstärkt die Situation, indem es Schuldgefühle erregt. Es gibt keinen allgemein akzeptierten Übergangsritus für die Zeit, wenn die Kinder aus dem Haus gehen, daher fühlt sich die trauernde Mutter von der Gesellschaft nicht anerkannt. Sie wird wahrscheinlich auf eine Mauer des Unverständnisses stoßen, wenn sie versucht, über ihren Schmerz zu sprechen. Schließlich gibt es keinen Leichnam. Ihr Kind lebt und ist wohlauf und tut, was Kinder tun, wenn sie erwachsen werden – im Gegenteil: Ihr erfolgreicher Schritt in die eigene Existenz ist der Beweis dafür, daß wir unsere Aufgabe gut gemacht haben, und wir können und sollten zwar daraus Trost ziehen, doch ist das schwierig, wenn man sich so wund fühlt.

Die Stärke dieser Gefühle zeigt sich an der Art, wie sie selbst jene Frauen befallen, die wie Alison rein positiv denken und glauben, daß der Schritt über diese Schwelle ein sanfter und natürlicher Teil der Mutterschaft sei:

> Ich habe diese Frauen nie verstanden, die mit Jammermiene herumliefen, als ihre Kinder aus dem Haus gingen. Schließlich geht es ja nur darum, sie großzuziehen, bis sie das Nest verlassen können. Meine haben beide studiert, und ich war so stolz auf sie. Freunde haben mich gefragt, ob ich sie vermisse, und ich dachte nicht einmal daran, ich

> war zu versessen darauf, mit ihnen anzugeben – schließlich waren beide in Oxford! Doch nachdem der letzte ging, stellte ich fest, daß ich sehr depressiv wurde. Ich wußte nicht, warum, ich fühlte mich den ganzen Tag down und sogar körperlich unwohl. Ich ging zur Ärztin, und sie begriff sofort: »Sie trauern um den Verlust Ihrer Kinder«, erklärte sie mir, und im selben Augenblick wußte ich, daß sie recht hatte.

Das Ausmaß und die Tiefe dieser Gefühle können von einem Dritten sehr wohl erkannt werden, doch insgesamt ist ein Gefühl der Isolation ein untrennbarer Teil des Verlusts. Ehemänner und Partner finden es oft schwierig zu helfen; entweder kämpfen sie selbst mit dem Verlust, oder sie verstehen den intensiven Kummer der Frau nicht und werden ungeduldig. So fühlt sich die Frau mit ihrem Schmerz alleingelassen.

> Meine Tochter zog vor zwei Jahren aus, um in Southampton einen College-Kurs zu absolvieren, und ich kann meine Gefühle nur mit einem Trauerfall vergleichen. Ich vermisse sie schrecklich, doch ich behalte meine Tränen für mich. Ich glaube, das interessiert die Leute nicht wirklich.
> Wir verbrachten ihre Kindheit damit, ihnen beizubringen, Dinge allein zu tun – alles, vom Binden der Schnürsenkel bis zur Stellenbewerbung –, und wenn sie dann erwachsen werden, verändert sich die Beziehung, sie werden unsere Freunde, und genau in dieser Phase verabschieden sie sich dann, und das macht einen Teil der großen Traurigkeit aus.

Diese Erfahrung ist keineswegs unüblich, wie aus zahlreichen Berichten der Frauen hervorgeht, die mir geschrieben oder mit mir gesprochen haben, wobei immer wieder das Gefühl, damit allein zu sein, ohne Freunde, die ebenso fühlten, zur Sprache kam. Die Tatsache, daß so viele Frauen den Kummer derart stark erleben, spricht dafür, daß er verbreiteter ist, als meist geglaubt wird. Ich glaube, in Wahrheit kommt auf jede Frau, die Angst hat, ihre Gefühle zuzugeben, mindestens eine, die scheinbar damit zurechtkommt, die die Leere des leeren Nestes scheinbar akzeptiert. Es ist traurig, daß wir dieses Gefühl nicht miteinander teilen können, und das in einer Phase, in der Freundschaft und Nähe zu anderen Frauen für uns besonders wichtig wäre, und es ist ebenso traurig, daß so viele Frauen das Bedürfnis haben, ihre Verletzlichkeit zu kaschieren, um zu beweisen, daß alles »in Ordnung« ist, daß ihre Kinder wirklich glücklich und unabhängig sind und daß Trauer nicht nur dumm, sondern auch irgendwie unnatürlich wäre. So sehr sind wir darauf geprägt, auf diese Weise gute Mütter zu sein, daß wir uns nicht nur oft schämen, uns zu diesen intensiven Gefühlen zu bekennen, wir können uns sogar selbst etwas vormachen.

Lynne schrieb mir nach einem Gespräch über die Gefühle, die diese Phase im Leben einer Frau begleiten:

> Ich war schockiert, als Sie sagten, daß sich Frauen wie in tiefer Trauer fühlen, wenn ihre Kinder aus dem Haus gehen. Dies ist eine völlig natürliche Entwicklung in Mutter-Kind-Beziehungen, und wir sollten stolz und nicht traurig sein, unseren Nachwuchs ein eigenes Leben aufbauen zu sehen. Ich empfinde es als durchwegs positiv, wenn meine Söhne aus dem Haus gehen – es beeinträchtigt mich in keiner Weise.

Gut und schön – obgleich ich fand, daß Lynns Verwendung des Wortes »schockiert« recht aussagekräftig war. Sie erschien mir wie eine Überreaktion. Mehr wurde jedoch weiter unten in ihrem Brief deutlich, wo sie vermutlich vergessen hatte, daß derartige Gefühle unakzeptabel seien:

> Als er (ihr ältester Sohn) ging, fühlte ich mich, als sei ein Teil von mir gestorben und werde nie wieder zum Leben erwachen.

Lynn reagierte in diesem Fall so großartig auf Konditionierung von außen, daß sie ihren eigenen Kummer verdrängte. Dennoch ist es vollkommen in Ordnung, so zu empfinden. Es ist eine Reaktion auf einen Verlust, auf Veränderung und Ungewißheit und für viele Frauen auf das Gefühl, daß ihre Welt aus den Fugen geraten ist.

Um was sonst geht es hier, wenn nicht um einen Verlust? So vielen Frauen vermittelt die Mutterrolle ein Gefühl der Erfüllung, der Ganzheit, Vollständigkeit und Identität. Wenn wir nun meinen, dieses höchst fundamentale Gefühl für unsere Identität sei verschwunden, stehen wir nicht nur vor Leere und Trauer, sondern realisieren auch, daß unser Leben nicht mehr ist wie vorher. Wir fragen uns vielleicht nach Sinn und Zweck unseres weiteren Lebens. Vor allem depressive Frauen fragen sich in dieser Situation: »War's das?«, unfähig, für sich selbst eine Zukunft vorauszusehen.
Die nachfolgenden Fallgeschichten zeigen, wie tief diese Verbindung von Kummer, Verlust und dem Kampf um den Weg nach vorn geht.

Susannes Geschichte
Susannes Mann hatte nach einer längeren Krise und Phase der Arbeitslosigkeit einen Job an einem Ort gefunden, der mehrere hundert Kilometer von ihrem Wohnort Oxfordshire entfernt lag. Er zog zuerst um und wohnte während der Woche in einem möblierten Zimmer, und ihre Töchter, 16 und 18 Jahre alt, waren aufgeregt bei der Aussicht auf eine neue Umgebung und neue Leute und konnten den Umzug kaum erwarten. Doch der beschleunigte die Veränderungen nur: Der Freund der älteren, der sie nicht verlieren wollte, fragte sie, ob sie ihn heiraten wolle, und sie zog zu ihm.

> Ich fühlte mich atemlos und hilflos und dabei total erleichtert, daß unsere geliebte, anspruchsvolle, fordernde, aufreibende, temperamentvolle, selbstherrliche Tochter glücklich war und ein neues Leben begann. Doch ehe Caroline auszog, weinte ich mir einen Abend lang die Augen aus, weil ich die Regeln nicht kannte – konnte ich sie besuchen, und wann? Konnte ich sie anrufen, und wann? Hatte ich genug für sie getan? Hatte ich ihr genug beigebracht? – Schließlich war sie erst 18. Sie wirkte sehr beruhigend, doch für mich war das alles zu endgültig; wäre sie aufs College gegangen, dann hätte sie uns in den Ferien besucht. Sie erklärte, sie

wäre ohnehin nie aufs College gegangen, das sei für sie in Ordnung, und zumindest habe sie einen Job, der ihr Spaß machte. Und ich beruhigte mich, als es soweit war, denn sie wohnte nur am anderen Ende der Stadt.

Louisa, die Jüngere, arbeitete in einem Zeitschriftenladen, gab den Job aber auf, als wir später im Jahr umzogen. Warum sind Mütter immer die letzten, die das Offensichtliche wahrnehmen? Auf der Fahrt zu unserem neuen Heim war diese vorher so enthusiastische Tochter lethargisch, apathisch und schlechtgelaunt. Am folgenden Wochenende war sie zu einer Party eingeladen, und als sie davon zurückkehrte, fragte sie, ob es uns etwas ausmache, wenn sie am kommenden Wochenende wieder zurückführe, um im Laden auszuhelfen, da sie dort ohne sie ganz verzweifelt wären und es leichter für sie wäre, jemanden zu haben, der den Job bereits kannte. Als sie wieder nach Hause kam, fragte sie uns, ob wir mit ihr einen Kaffee trinken gehen könnten. Nun endlich begann mein sechster Sinn zu arbeiten. Die Alarmglocken, die schon vor drei Wochen hätten klingeln sollen, schrillten plötzlich unaufhörlich. Wir saßen in einem überfüllten Café, und meine Tochter fragte, ob es uns etwas ausmache, wenn sie wieder nach Oxford ginge, da sie und der Ladenbesitzer nicht ohne einander leben könnten. Als wir da saßen, kreisten meine Gedanken nur wirr um meinen Kopf und kämpften um meine Aufmerksamkeit. Ich fühlte mich, als hämmerte etwas mit metallenen Fäusten auf meinen Kopf ein, als ich ihr ruhig erklärte, wenn sie sicher sei, daß das für sie richtig sei, dann müsse sie es tun. Mein Magen verkrampfte sich, mir war übel, ich wollte alle ringsum anschreien, daß sie aufhören sollten! Was immer sie taten, war unwichtig – hier saß meine Tochter und erklärte mir, daß die Tage meiner Mutterschaft vorüber seien – kein fröhliches Keksebacken in der Küche mehr, keine zweistündigen Sitzungen mehr, während derer ich nach dem Unterricht in der Badewanne lag und sie mir ihr Herz ausschüttete, weil sie nicht wußte, was ihre Aufgabe im Leben war und warum sie nicht an Gott glaubte; kein

> Haus mehr voller Lachen, Musik, ununterbrochen laufendem Fernseher, Klamotten über allen Stuhllehnen, Schuhen mitten im Weg, so daß ihr Vater darüber stolperte; kein verzweifeltes »Kannst du mir das bitte waschen (nachts um halb zwölf), ich brauche es ganz furchtbar dringend« ...
> Ich weinte nicht. Als es soweit war, brachte ich sie zum Zug. Als sie außer Sicht war, ging ich in die Stadt, ziellos, schlenderte durch die Geschäfte, versuchte, mich zu sammeln und nach Hause zu gehen und die Hunde und Louisas Katze zu begrüßen. Mein Mann war scheinbar stoisch ruhig geblieben, doch an diesem Abend gingen wir früh ins Bett, krochen einander in die Arme und weinten gemeinsam. Seither habe ich nicht viel geweint, fühle nur manchmal ungeheuer schmerzlich den Verlust, die innere Leere. Wozu backen? Wozu den Tisch abräumen? Ich lasse nur soviel Platz frei, daß zwei Personen daran essen können, der Rest bleibt vollgestopft, damit es nicht zu leer wirkt. Mehrmals bin ich in der Nacht mit tränennassem Gesicht und schluchzend, nein laut heulend aufgewacht; und völlig irrational kann ich kaum mein erstes Enkelkind erwarten, durch das meine Mutterrolle vielleicht wieder aktiviert wird. Das leere Nest hat eine Menge zerstört ...

Paulines Geschichte

Pauline bereitete sich auf die Trennung vor, indem sie ein Teilzeitstudium begann, solange ihre Tochter noch zu Hause wohnte. Das linderte jedoch nicht ihren Kummer, der vielleicht durch die Tatsache noch verschärft wurde, daß sie sich in demselben College einschrieb, auf das ihre Tochter gehen würde:

> Ich stellte mir vor, ich würde viel zu sehr mit meinem eigenen Studium zu tun zu haben, um trübselig herumzusitzen. Doch als der Tag ihres Abschieds näher kam, fühlte ich mich wie zerschlagen, obgleich das College kaum eine Stunde entfernt lag und das gleiche war, an dem ich ja bereits studierte. Alles in mir schrie auf, als wir Kleider, Ted-

dys, Gitarren und Studienunterlagen einpackten. Ich konnte den ganzen Tag nichts essen. Wir fuhren sie zu ihrer Bude, halfen ihr beim Einräumen, blieben länger da als nötig, versuchten sie zu umarmen, ohne zu weinen oder zu klammern, und stürzten zum Auto. Ich heulte auf dem ganzen Rückweg. Ich konnte ihr Zimmer eine Woche lang nicht betreten. Ich höhrte ihre Stimme im ganzen Haus, sah auf die Uhr, wenn es Zeit für den Schulbus war, und fing immer wieder zu weinen an. Ich »sah« sie im Garten, auf der Treppe, überall. Ich trauerte ernsthaft wie nach einem schweren Verlust.

Manchmal sah ich sie von weitem im College, obgleich wir verschiedene Kurse besuchten, und während mein Herz erleichtert war, sie so glücklich zu sehen, fiel es mir unheimlich schwer, nur entspannt zu winken und nicht zu ihr zu stürzen und ihr zu sagen, daß sie mehr Schlaf benötigte, einen Mantel anziehen oder ihre Schuhe reparieren lassen solle. Ich konnte meine »Mutterrolle« nicht ausfüllen, fühlte mich überflüssig und unfähig, damit fertig zu werden. Mein Mann verstand mich, und obgleich auch er sie sehr vermißte, glaubte er, mein Verlust sei schwerer, da meine Tochter und ich uns so nahe gestanden hatten. Allmählich schaffte ich es wieder, ihr Zimmer zu betreten, doch meine Gefühle lagen sehr dicht unter der Oberfläche, und es genügte eine hingekritzelte Nachricht von ihr auf der Tafel oder eine aufgehängte Geburtstagskarte einer Freundin, und ich fing wieder an zu weinen. Wenn sie nach Hause kam, war es, als gehe das Licht an, und wenn sie wieder abfuhr, verfiel ich wieder in Schwermut. So ging das 18 Monate lang; erst dann war ich allmählich fähig, mich ohne Tränen von ihr zu verabschieden. Ich konnte wieder Orte aufsuchen, an denen wir gemeinsam gewesen waren, ohne zu denken: »Hier saßen wir und tranken Kaffee, usw.« Ich machte mir ständig Sorgen über ihre Sicherheit, ihre Gesundheit, ihren Freundeskreis und all die Dinge, um die Mütter sich kümmern, und das ist bis heute so.

Inzwischen unterrichtet sie seit drei Jahren, lebt mit ihrem

Freund in einem eigenen Haus und ist immer noch kaum eine Autostunde weit entfernt, so daß ich das große Glück habe, daß wir bis heute engen Kontakt haben. Dennoch: Wenn ich um die Mittagszeit an einer Schule vorbeikomme, spüre ich einen echten, stechenden Schmerz, der mir die Tränen in die Augen treibt. Wenn sie zu Besuch kommt und vor dem Haus einparkt, ist es, als sei gerade die Sonne zwischen den Wolken herausgekommen, und ich werde wieder Mutter. Ich bin jedoch noch immer verwundbar, und bei dem Gedanken, wir könnten sie eines Sonntags besuchen fahren, nur um festzustellen, daß sie etwas anderes vorhaben, überkommt mich eine tiefe Traurigkeit, die ganz schnell mit Hausarbeit im Keim erstickt werden muß.

Mein Sohn war schon ausgezogen, als meine Tochter aus dem Haus ging, doch obgleich ich diese schreckliche Erfahrung bereits einmal durchgemacht hatte, linderte das nicht die Heftigkeit des zweiten Mals, obgleich ich versucht hatte, mich besser darauf vorzubereiten. Ich glaube nicht, daß ich je darüber hinwegkomme, daß sie nicht hier lebt, und ihr altes Zimmer wird für mich immer Annes Zimmer bleiben. Ich hebe alle ihre Briefe, Karten und Kindheitserinnerungen auf. Ich vermisse sie täglich, und selbst das Niederschreiben dieses Berichts brachte die ganze Verletztheit und Einsamkeit wieder hervor – an Tippfehlern sind die Tränen in meinen Augen schuld.

Pennys Geschichte

Penny erlebte gleichzeitig den Verlust beider Töchter und ihres Mannes. Diese Art mehrfachen Verlusts ist in dieser Phase nichts Ungewöhnliches und macht das leere Nest allein nur noch unerträglicher:

Natürlich geht es uns Müttern allen so, und ich war keine Ausnahme. Die Zeit kommt, da unsere Küken aus dem Nest flattern. Was es besonders schwierig machte, war die Tatsache, daß sie im Abstand von nur etwa einem Monat beide gingen. Meine beiden Töchter, die ich liebe, meine besten

Freundinnen. Amanda, meine Älteste, zog mit 19 zu einem jungen Mann, in den sie sich als Krankenschwester verliebt hatte, als sie ihn pflegte. Was wollen Sie machen? Nichts, was nicht selbstsüchtig klingt, also halten Sie Ihre Tränen und Ihre Zunge im Zaum. Meine jüngste Tochter zog mit 17 zu einem zehn Jahre älteren Mann. Ich hätte sie daran hindern können, vermute ich, doch dann hätte sie sich gegen mich aufgelehnt und wäre erst recht gegangen, also ließ ich sie ziehen.

Nicht einmal in meinen kühnsten Träumen stellte ich mir vor, daß das Leben so leer sein könnte. Wenn die Kinder klein sind, stellen Sie sich vor, wie es sein müßte, nicht den ganzen Tag für ihr Leben verantwortlich zu sein, und Sie denken an all die Dinge, die Sie tun wollen, wenn Sie wieder Ihr eigenes Leben führen können, doch es ist ganz anders. Nichts von dem, was Sie einmal vorhatten, erscheint dann mehr wichtig. Alles, woran Sie denken können, ist, wie Sie die endlosen, ruhigen Tage ausfüllen können, und all der Friede, nach dem Sie sich einmal so sehr gesehnt haben, ist nicht mehr erstrebenswert, und die Zeit lastet schwer auf Ihnen.

In meinem Fall kam noch etwas hinzu: Einen Monat vor dem Auszug meiner Ältesten fand ich heraus, daß mein Mann eine Affäre hatte. Heute weise ich ihm dafür nicht mehr die alleinige Schuld zu, damals allerdings sehr wohl. Eigenartig, wie sich Ansichten mit den Jahren verändern können. Damals war ich nicht die Person, die ich heute bin, und im nachhinein verstehe ich die Gründe für seine Untreue weit besser. Zu spät, natürlich, die Ehe ist längst vorbei. Damals war ich zerstört. Der Auszug der Mädchen wurde dadurch noch schlimmer, denn zu Hause fühlte ich mich isoliert. An meinen Mann konnte ich mich wegen des Risses zwischen uns nicht wenden, und ich fühlte mich wie bei einem Trauerfall, nur ohne Leichnam. Geld war damals kein Problem, doch Geld auszugeben bereitete mir keine Freude, obgleich wir jahrelang knapp mit Geld gewesen waren. Mein Mann war unfähig, mich zu trösten, und sagte mir immer: »Geh und kauf dir ein neues Kleid«, eine typisch männliche Denkweise, als sei dies das Allheilrezept, das diese fürchterliche Melancholie beenden könne, die, da bin ich sicher, von so vielen Müttern erlebt wird.

Es dauerte etwa einen Monat, schätze ich, bis ich nicht mehr nur ein heulendes Häufchen Elend war. In dieser Zeit habe ich mich sehr kritisch mit mir selbst auseinandergesetzt. Mein Selbstwertgefühl war stets niedrig gewesen, und mir wurde klar, daß mein Mann mir das Leben keineswegs erleichterte. Mit der ständigen Erinnerung an seine Untreue zu leben war zu viel für mich, und obgleich es damals für mich sehr schmerzhaft war, bat ich ihn zu gehen. Das war vor vielen Jahren, und mein Leben und auch das meiner Töchter hat sich seither dramatisch verändert. Ich habe sie nie wirklich verloren, und das tut man auch nur selten. Amanda lebt nur ein paar Häuser weiter, und Sherry lebt ebenfalls in der Nähe, sie hat inzwischen selbst Kinder. Wir haben im Laufe der Jahre über jene Zeit gesprochen, und beide wissen, wie schlecht ich ihren Auszug vertrug, obwohl ich es ihnen damals nicht gesagt habe, um sie nicht aufzuregen.

Das ist der Gang der Welt, Kinder müssen aus dem Haus gehen. Der Trick dabei, wenn es einen gibt, besteht darin, sein eigenes Leben aufzubauen, während die Kinder noch bei einem leben. Es ist eine fürchterliche Belastung für Ihre Kinder, wenn Sie sie zum einzigen Inhalt Ihres Lebens machen.

Lucys Geschichte

Lucy gehört zu den zahlreichen Frauen, die geglaubt haben, daß es ihnen nicht so gehen werde.

Ich dachte, das Leeres-Nest-Syndrom war etwas, das andere betraf, vor allem Leute in der Vergangenheit. Ich trug seit 20 Jahren Jeans, war alleinerziehende Mutter mit Karriere und eigenen Interessen. Es würde anders sein. Ich würde nicht klammern. Der Auszug der Kinder wäre nur eine weitere Phase wie Schüleraustausch-Besuche in Frankreich und Fahrstunden, Leistungskurse und Einschreibunterlagen. Ich hätte nie gedacht, daß ich den Verlust so stark spüren würde, daß ich sie als Kinder und als beste Freunde vermissen würde, alles gleichzeitig.

Maureens Geschichte

Ich konnte nicht glauben, daß es mich betraf. Ich hatte vom Leeres-Nest-Syndrom gehört, doch als voll berufstätige Lektorin in der Erwachsenenbildung ging ich davon aus, daß ich die Veränderungen durch erwachsene Kinder genauso durchstehen würde wie die Probleme der Menopause – zu beschäftigt, um ihnen große Aufmerksamkeit zu schenken. Meine Kinder haben beide ihr Studium abgeschlossen und arbeiten im Ausland. Mein Mann und ich sind zu Hause, überflüssige Eltern. Ein Teil meines Verstandes sagt mir, daß wir sehr erfolgreiche Eltern waren, doch meist spüre ich die Einsamkeit. Mein Mann sagt sehr wenig, doch er springt rasch auf, wenn das Telefon klingelt, und ist dann sichtbar enttäuscht, wenn der Anrufer nicht eines unserer Kinder ist. Meine Arbeit, die mir immer Spaß gemacht hat, ist nun nur noch ein Zeitvertreib, bis wir sie das nächste Mal besuchen können oder sie uns. Ich habe das Gefühl, mein Leben ist zu Ende. Eine sehr dramatische Äußerung, ich weiß, doch nur so kann ich die Schwärze, mit der ich lebe, vermitteln. Für mich ist es sehr wichtig, daß der Ehemann sich nicht hintangestellt fühlt, doch ich habe noch keinen Weg gefunden, dies zu vermitteln, und ich fürchte, daß ich das nie schaffe. Ich will ihn und sie. Und das immer.

Die Geschichten sind hier nicht zu Ende. Die Frauen, die beim Auszug ihrer Kinder Kummer, Verlust, Überraschung und Schock erlebt haben, bleiben nicht dabei stehen, wenn sie anerkennen, daß dieser Verlust wie auch jeder andere schwere Verlust eine Trauerzeit und eine Verarbeitung des Kummers verlangt. Wenn dies vorbei ist, können sie wieder zur Tagesordnung übergehen.

Die Abwertung der Mutterschaft

Mutterschaft wird in dieser zweiten Hälfte unseres Jahrhunderts herabgewürdigt. Wir gelten nicht als vollständige Frauen, sofern wir uns nicht auf anderen, sichtbareren Ebenen beweisen. Die Mutterrolle gilt als nebensächliche Zutat zum Rest des Lebens einer Frau – als Teil des Pakets aus Karriere, Reisen, Studium und persönlicher Entwicklung, das als so wesentlich für die moderne Frau angesehen wird.

Nehmen Sie einmal folgendes Beispiel: Sonja, freiwillig kinderlos, hat sich zäh hochgearbeitet und mit 40 ihr berufliches Ziel erreicht; sie erhielt eine leitende Stelle in einem führenden Verlag. Der Keim zu diesem Erfolg nahm Formen an, als sie mit 25 die ersten Stufen der Erfolgsleiter nahm, als Werbeassistentin in einem anderen Verlag. In diesen 20 Jahren erklomm sie diese Leiter ganz bewußt, Schritt für Schritt. Das war es, was sie tun wollte und wo sie sein wollte. Sonja war glücklich. Ihr Erfolg war anerkannt und von Frauen getragen. Sie hatte einen Partner, den sie liebte, ein bequemes Leben und viele Freunde. Sonja widmete sich aus vollem Herzen der Arbeit, die sie liebte. Fünf Jahre später wurde ihr Arbeitsplatz im Zuge einer Umstrukturierung aufgelöst. Sonja war am Boden zerstört.
Zwanzig Jahre Arbeit, Hingabe, Energie und Einsatz, alles fort. Sonja bekam eine andere Stelle, eine gute Stelle, doch es war nicht genau das, was sie wollte, und außerdem trauerte sie der Arbeit nach, die sie verloren hatte. Sonjas Verlust, ihre Verzweiflung, ihr Gefühl, überflüssig zu sein, stießen auf Verständnis – in der Gesellschaft, in der Firma und besonders bei anderen Frauen. Dieser Verlust galt als einschneidend, als wichtig. Und diese Anerkennung von anderen, diese Bestätigung, daß sie ein Recht hatte, unglücklich zu sein, halfen ihr aus ihrer Depression in einen positiveren Geisteszustand, der ihr gestattete, eine andere Stelle zu finden und ein neues Leben zu beginnen.
Das Wort »überflüssig« kam immer wieder vor, wenn Frauen

ihre Empfindungen schilderten, die mit dem Auszug ihrer Kinder einhergingen. Eine Frau faßte es einmal so zusammen:

> Vielleicht wäre es eigenartig, wenn wir uns nicht in irgendeiner Form überflüssig vorkämen, sobald die Kinder unabhängig werden. Sie großzuziehen war schließlich ein Fulltimejob, und ein sehr wichtiger noch dazu; das ist, wie wenn ein Geschäftsführer, der die gesamte Verantwortung trägt, sich allmählich als Assistent, dann ohne irgendeinen Job und auch ohne Chance wiederfindet, einen ähnlichen Job jemals wieder zu bekommen.

Dennoch wird Sonjas Erfahrung eine Allgemeingültigkeit zugesprochen, die der Frau verweigert wird, die um das Ende der aktiven Mutterrolle trauert. Doch wo liegt eigentlich der Unterschied? Warum halten wir das Gefühl irgendwie für einschneidender, nach 20 Jahren in einem geliebten Job nicht mehr gebraucht zu werden, als genau das gleiche Gefühl, wenn die Kinder aus dem Haus gehen? Die Antwort lautet natürlich, daß die Mutterrolle in unserer Gesellschaft auf nur wenig Anerkennung stößt – ob als Folge des Patriarchats oder des wachsenden Feminismus ist umstritten. In ihrem Klassiker über Mutterrollen, *Of Woman Born* (Von einer Frau geboren), schreibt Adrienne Rich:

> Die Arbeit der Frau, die zu Hause bei den Kindern ist, wird nicht besonders ernst genommen; man unterstellt ihr, nur aus reinem Mutterinstinkt zu handeln, Hausarbeiten zu machen, mit denen sich ein Mann nie befassen würde, weitgehend unbewußt handelnd. So werden Kind und Mutter gleichermaßen abgewertet, weil nur erwachsene Männer und Frauen in der Schar der gegen Bezahlung arbeitenden Bevölkerung als »produktiv« gelten.

Aus dem Zusammenhang geht hervor, daß Adrienne Rich überzeugt ist, daß die Abwertung der Mutterrolle eine direkte Folge patriarchalischer Unterdrückung sei. Doch nicht alle Feministen teilen diesen Standpunkt. Naomi Ruth Lowinsky, eine feministische Psychotherapeutin, ist überzeugt, daß es eine Auswirkung des Feminismus sei, daß Frauen das weibliche Prinzip aus den Augen verloren haben. In ihrem Buch *The Motherline: Every Woman's Journey to Find Her Female Roots* (Das Muttergleis: Die Reise der Frau zu ihren weiblichen Wurzeln) beschreibt sie, wie sie und andere frisch befreite Feministen sich von allen Aspekten ihres weiblichen Erbes distanziert haben:

> Ich las feministische Theoretiker, die die Mutterschaft abwerteten und mit Abscheu über die weiblichen Mysterien der Schwangerschaft und Menstruation sprachen ... »Weiblichkeit«, so hieß es, war vor allem eine Folge der Sozialisation, und wir seien ohne sie weit besser dran. Vulgärpsychologische Bücher schalten Frauen dafür, daß sie nicht männlicher waren ... Frauen strebten scheinbar das Leben ihrer Väter an. Mütter wurden abgelehnt, von oben herab angesehen, blieben im dunkeln. Bei dem stürmischen Versuch, alle Aspekte in uns zu befreien, die so lange verleugnet worden waren, ließen wir alles hinter uns, was Frauen jemals waren.

Diese Spaltung, so Lowinsky, hat die Frauen in eine gefährliche Situation gebracht. Sie beschreibt einen Alptraum, in dem der Kopf ihrer dreijährigen Tochter vom Rumpf getrennt wurde und die Stimme ihrer Mutter ihr sagte, daß sie sie nie wieder zusammensetzen könne. Sie deutete den Traum wörtlich und hatte seither große Angst um das Leben ihrer Tochter, bis sie ein Seminar über Jungsche Psychologie besuchte, wo sie erfuhr, daß der Traum symbolisch war. »Ich war es, der seinen Kopf und seinen Körper nicht wieder zusammenbekam; der seine Intelligenz und seinen Ehrgeiz nicht mit meinem tieferen instinktiven Leben als Frau vereinbaren konnte; der die Spaltung zwischen den weiblichen und den feministischen Aspekten meines Daseins empfand.« Lowinsky fand auch, daß der Traum die kollektive Situation der Frauen widerspiegele. Sie schreibt:

> In der Generation, die vergangen ist, seit mein Sohn gebo-

> ren wurde und *The Feminine Mystique* (Das geheimnisvolle Weibliche) erschien, habe ich eingesehen, daß wir eine kulturelle Spaltung erleben, die als die feministische Ambivalenz gegenüber dem Weiblichen beschrieben werden kann.

Meine Freundin Gail, die mir in allen Phasen des Kinderkriegens und -erziehens zur Seite stand, war stets eine glühende und überzeugte Feministin, die fühlte, daß Feminismus und Mutterschaft einander bekämpfen, und deswegen große Probleme hatte. Heute eine erfolgreiche Fachautorin, will sie der Welt ihr Gesicht auch dann zeigen, wenn sie ihre Arbeit am liebsten aufgeben und als Hausfrau leben möchte.

> Das kann ich nicht machen, denn ich empfinde es als Verrat an allem, was die Frauenbewegung bisher für mich erkämpft hat. Ich glaube, meine Karriere wird bewundert, meine Rolle als Mutter dagegen herabgespielt. Ich glaube, Frauen werden von anderen Feministen nicht danach bewertet, ob sie Kinder haben. Ich bin sicher, daß mich nie jemand danach beurteilt hat, und dennoch war es das Wichtigste, was ich in meinem Leben je gemacht habe.

Sind wir wirklich befreit, wenn Frauen wie Gail das Gefühl haben, daß sie ihre Arbeit nicht aufgeben können, selbst wenn sie das wollen? Echte Befreiung hat etwas mit Entscheidungsfreiheit zu tun. Vor nicht allzu langer Zeit hätte die Berufung einer Frau in eine hochbezahlte Spitzenposition bei Coca-Cola Schlagzeilen gemacht. Heute macht dieselbe Frau Schlagzeilen und wird zum Gegenstand endloser Debatten und Spekulationen, weil sie sich dafür entschieden hat, ihren Job aufzugeben, um zu Hause bei ihrem Kind zu bleiben. Das, so meine ich, wirft ein armseliges Licht auf den Feminismus. Frauen glauben immer noch, sie haben keine Wahl. Als ich bei einem beliebten Frauenmagazin arbeitete, erlebte ich zahlreiche Konflikte und Konkurrenz, wenn es ums Kinderkriegen ging. Die Konkurrenz betraf die Frage, wer am schnellsten nach der

Geburt wieder am Arbeitsplatz erschien, die Konflikte bestanden darin, daß viele dieser Frauen ihre Kinder heftig vermißten und lieber bei ihnen zu Hause gewesen wären.
In ihrem Buch über die Entwicklung des Feminismus, *The Second Stage* (Die zweite Phase), sprach Betty Friedan das Dilemma von Frauen wie Gail an:

> Von diesen Töchtern – die nun älter werden, schwer arbeiten, entschlossen sind, nicht in die gleiche Falle zu gehen wie ihre Mütter, so viel erwarten und die Möglichkeiten, für die wir gekämpft haben, als gegeben hinnehmen – höre ich inzwischen Untertöne des Schmerzes und der Verwirrung, Unbehagen, Unzufriedenheit, fast Bitterkeit, die sie kaum zuzugeben wagen. Als ob sie sich nicht trauen würden, bei all den Gelegenheiten, die wir für sie erkämpft haben und um die wir sie beneiden, bestimmte Fragen frei heraus zu stellen, über gewisse andere Bedürfnisse zu sprechen, um die sie sich doch eigentlich nicht kümmern sollten – jene alten Bedürfnisse, die unser Leben formten und uns in die Falle lockten und gegen die wir uns auflehnten?

In einem Artikel in der *Times* vom 14. 1. 1995 schilderte die Journalistin Ginny Dougary überzeugend das hohe Ausmaß an Streß, unter dem Karrierefrauen mit Kindern stehen. Als ihr Sohn sechs Monate alt war, spürte sie zeitweise so intensiv, daß sie seine Kindheit verpaßte, daß es weh tat. Heute, Jahre später, arbeitet sie zu Hause, unterstützt von einem Ehemann, einer Kinderfrau, einer Mutter, die zuverlässig als Babysitter einspringt, und einer ›Perle‹, die das Haus reinigt, den Garten pflegt, Wäsche in die Reinigung bringt und den monatlichen Großeinkauf erledigt. Selbst mit all diesen Hilfen stellt sie die Qualität, ganz zu schweigen von der Gesundheit, ihrer Lebensweise in Frage und vergleicht die Verbindung von Mutterrolle und Berufstätigkeit mit einem fragilen Kartenhaus.
Ginny Dougary ist das Opfer einer feministischen Gehirnwäsche – der Vorstellung, keine Frau könne ihre Möglichkeiten ausleben, solange sie nicht Karriere, Partner, Kinder und gesellschaftliches Leben in einem endlosen, anstrengenden Wir-

bel jongliert. Sie weiß das und gesteht einige Bedenken beim Schreiben des Artikels ein: »Die Angst der Mittelklasse läßt sich unendlich verspotten«, sagt sie. Was sie nicht bemerkt, ist, daß sie und andere wie sie ebensosehr Opfer von Unterdrückung sind wie die Frauen in der Generation ihrer Mutter, die gesteinigt wurden, wenn sie einer Karriere nachgingen, solange ihre Kinder klein waren. Die Unterdrückung wurde umgekehrt, das Ergebnis ist das gleiche: Wie die Generation vor ihnen haben auch die Karrierefrauen der 90er Jahre das Gefühl, sie haben keine Wahl. Ginny Dougary kann sich an keine einzige Freundin erinnern, die eine Karriere gegen eine Vollzeitbeschäftigung als Mutter eingetauscht hätte, so tief verwurzelt war in ihnen der Glaube, »endlose Häuslichkeit werde sie in den Wahnsinn treiben«.

Ich kenne sehr wohl solche Fälle. Ein Beispiel: Helen, leitende Angestellte einer Firma mit Aussicht auf eine große Beförderung, erklärte Karrierefrau, zielstrebig, ehrgeizig und unsicher, ob sie überhaupt Kinder wollte. Doch als ihre biologische Uhr abzulaufen drohte, beschloß sie, sie wolle ein Kind haben, sofern es ihre Karriere nicht beeinträchtige. Ich besuchte sie, als das Baby ein paar Wochen alt war. Sie machte sich Sorgen, wie sie sich fühlen würde, wenn sie es nach Ablauf des Mutterschutzes allein lassen müßte. »Warum bleibst du nicht zu Hause?« schlug ich vor. Sie fand, das sei keine Alternative. Kein Mensch blieb bei den Kindern zu Hause. Was wäre mit ihrer Karriere? Wie würde sie das überstehen, nur ein Baby als Gesellschaft zu haben, nach ihrem Leben in einer geschäftigen, anregenden Umgebung? Ich sagte nichts mehr. Ich konnte sehen, wie zerrissen sie war, doch ich glaubte nicht daran, daß sie ernsthaft mit dem Gedanken an die Rolle als Mutter und Hausfrau spielte. Zu Weihnachten bekam ich einen Brief von ihr. Er klang freudig und zufrieden und viel weniger hektisch als die Helen, die ich kannte. Sie hatte einfach festgestellt, daß sie ihren Sohn nicht allein lassen wollte. Sie hatte gekündigt, war zu Hause und füllte ihr Leben mit anderen Dingen. Ich fragte mich, ob dieser Zustand anhalten werde. Dann bekam sie ein zweites Kind. Sie ist noch immer zu

Hause, noch immer glücklich, beschäftigt, erfüllt. Manchmal vermißt sie ihren Job, die Leute, die Hektik, doch sie war noch nie so glücklich und ist sicher, daß sie die richtige Entscheidung getroffen hat.

Oder nehmen wir Marina. Sie arbeitete bei der BBC, die ihren Mitarbeiterinnen eine ausgezeichnete Kinderkrippe anbietet. Sie ging nach dem Ende des Mutterschutzes wieder arbeiten, in dem Bewußtsein, daß ihre Tochter gut versorgt war. Doch obgleich sie ihr Kind in der Mittagspause sehen konnte, fühlte sie sich zerrissen. Sie hatte das Gefühl, Mutterrolle und Beruf nur halbherzig zu leben. Sie dachte daran zu kündigen, doch ihre Kolleginnen waren entsetzt. Sie fühlte sich ohne jeden Rückhalt außer bei ihrer Familie. Ihre Eltern waren Italiener und fanden ihr Bedürfnis, mehr Zeit mit ihrem Kind zu verbringen, keineswegs absurd. Schließlich fällte sie die schwierige Entscheidung, ihre Karriere vorübergehend aufzugeben, und heute ist sie zu Hause mit einem zweiten Kind. Sie arbeitet als freie Mitarbeiterin und lebt beileibe kein Leben der »endlosen Häuslichkeit«.

Helens und Marinas Beispiel zeigt, daß Frauen die Wahl haben sollten und auch haben. Eben dies verdanken wir dem Feminismus: die Chance, beides zu haben. Oder uns für einen Teil zu entscheiden. Der Entscheidung für die Kinderlosigkeit haftet keinerlei Stigma mehr an. Ebenso sollte es kein entsprechendes Stigma geben, wenn eine Frau der 90er Jahre sich für die Rolle als Nur-Mutter und Hausfrau entscheidet. Doch genau das ist der Fall. Helen stieß bei ihresgleichen auf Unverständnis und Mitleid. Manche dachten, sie habe den Verstand verloren, und viele glaubten, nun werde sie als Gesprächspartner nicht mehr interessant sein. Sie erfuhr auch keine Unterstützung von Frauen, die mit Kindern und Karriere jonglierten, und das zeugt von armseliger weiblicher Solidarität.

Doch wo liegt der Fehler? Es gibt eine konservative Lobby, die Frauen wieder an den Herd holen will, doch insgesamt wird akzeptiert, daß sich die Gesellschaft verändert hat. Geschehen ist jedoch folgendes: Frauen haben ihre traditionelle Rolle gegen die männliche Rolle getauscht anstatt gegen eine weibliche Rolle der Macht. Frauen haben das männliche Modell nachgemacht und leiden darunter. Penelope Leach schreibt in *Children First* (Die Kinder zuerst):

> Die Frauenbewegung hat viele Grenzen abgebaut, die das machtvolle öffentliche Leben der Männer sicherten, doch die Gleichrangigkeit der Geschlechter wird nach wie vor mit Gleichheit verwechselt, und das Modell dafür ist noch immer männlich.

Und so streben Frauen wie Ginny Dougary nach einer männlichen Rolle und sind, wie Männer, so konditioniert, daß sie die Vorstellung von »Häuslichkeit« ablehnen.

Was für ein Affront gegen die Kreativität der Frauen, gegen ihre Fähigkeit, ihre eigene anregende Umgebung zu erzeugen, die sich, auch wenn sie um eine junge Familie kreist, keineswegs auf diese beschränkt, was Anregungen, Vielfalt und Sozialkontakte angeht. Frauen haben ein unermeßliches Talent, ihr Leben so erfüllend und befriedigend zu gestalten, wie sie möchten. Diejenigen von uns, die ihre Kinder in den späten 60er und frühen 70er Jahren bekamen, haben vielversprechende Karrieren aufgegeben – obgleich all meine Freundinnen und Kolleginnen aus jener Zeit sie wieder aufgegriffen haben –, und in jenen Jahren zu Hause haben wir unsere Fähigkeiten auf verschiedene Weise eingesetzt. Ich kann mich nicht daran erinnern, daß sich irgend jemand damals langweilte, und fraglos sind wir in keinerlei Hinsicht in die Falle der Häuslichkeit gegangen. Wir erlernten neue Fähigkeiten und, vielleicht war das am allerwichtigsten, uns auf uns zu verlassen, auf unsere eigene innere Kreativität und weniger auf das Gedränge und Geschiebe einer Karriere draußen in der Welt. Und wir kehrten in diese zurück, als wir und unsere Kinder dazu bereit waren. Ich kann mich des Gefühls nicht erwehren, daß wir glücklicher waren als die derzeitige Generation der Karrierefrauen der Mittelklasse, die wie Ginny Dougary darum kämpfen, geistige Gesundheit und Ausgewogenheit in ihr Leben zu bringen, ohne zu wissen, wie sie das schaffen sollen.

An dieser Stelle sollte ich klären, was ich unter einer Vollzeit-

Mutter und Hausfrau verstehe. Eine riesige Menge an Frauen hat den Luxus dieser Wahl nicht. Für sie ist es überlebensnotwendig zu arbeiten, während ihre Kinder klein sind – und dient nicht nur der Bewahrung des großzügigen Lebensstils der Mittelschicht. Für diese Frauen geht es darum, ihre Kinder zu ernähren und zu kleiden oder sie hungern und frieren zu lassen. Sie haben keine Kindermädchen oder ähnliche Hilfe; ein Artikel in der *Times*, der wohlüberlegt neben Ginny Dougarys Text plaziert war, beleuchtet den ungeheuren Streß, unter dem diese arbeitenden Frauen stehen, deren Vorschulkinder oft genug nach Hause in eine leere Wohnung kommen, während sie, noch bei der Arbeit, Angst um sie haben. Gerard Sagar vom Kids' Clubs Network (»Kinderklub-Netzwerk«), einer Hilfsorganisation für berufstätige Eltern, sagt: »Wir kennen auch Mütter, die im Laufe eines Jahres 15 verschiedene Betreuer für ihr Kind organisieren müssen: heute eine Verwandte, morgen eine Freundin, dann eine Schulkameradin und so weiter.« Und Irene Pilia, Pressesprecherin von Parents at Work (»Berufstätige Eltern«), meint:

> Ich glaube nicht, daß dieser Kampf sich auf die Kinder auswirkt. Das liegt daran, daß Eltern, besonders Mütter, alle Register ziehen, damit die Kinder nicht leiden. Egal, wie erschöpft sie sind, wenn sie nach Hause kommen, sie setzen ein Lächeln auf und hocken sich auf den Fußboden und spielen Lego, auch wenn sie eigentlich am liebsten mit einem Gin-Tonic auf das Sofa sinken würden. Doch wenn unsere Streßkultur so weitermacht, werden die Mütter ausgelaugt und krank.

In einem völlig anderen Zusammenhang spiegelt das auch Ginny Dougarys Text. Sie schildert einen Tag, an dem das Kindermädchen Grippe hatte, der Babysitter sich am Bein verletzt, ihre Mutter zu müde war, um einzuspringen, die Nachbarin gerade ein Kind bekommen hat ... und so weiter. Sie wurstelten sich durch, sagt sie, doch:

> Werden wir es immer schaffen, uns durchzuwursteln? Ich

> habe die Angst, die Zweifel, das unbewußte Gefühl, daß es für berufstätige Eltern nicht gesund sein kann – zumindest für diejenigen, für die die Elternrolle dabei wichtig ist –, ein derart gehetztes, erschöpftes und oft genug freudloses Leben zu führen. Unsere Kinder verdienen es, mehr zu sein als nur Anhängsel an unser Berufsleben ... Das richtige Gleichgewicht zu finden, ist elementar und sollte unbedingt angesprochen werden. Ich kenne die Lösung nicht. Und Sie?

Ich denke, die Lösungen werden immer deutlicher. Naomi Ruth Lowinsky sagt in *The Motherline* (Das Muttergleis), daß Frauen derzeit feststellen, daß sie einen »schrecklichen Preis dafür bezahlen, daß wir uns von unseren weiblichen Wurzeln abschneiden«. Sie versteht auch Ginny Dougarys Situation:

> Frauen von heute, die jahrelang hart an ihrer beruflichen Identität gearbeitet haben, fühlen sich leer und voller Trauer um all die Kinder, die sie nie geboren haben, die Beziehungen, die sie nie hatten. Frauen, die beides hatten, Karriere und Familie, sind vor Schuldgefühlen und Unsicherheit bezüglich der Prioritäten und Rollen förmlich zerrissen.

Es gibt Zeichen für einen Klimawechsel. Amerikanische Karrierefrauen mit Kindern stellen die Qualität ihres Lebens in Frage. In dem Buch *The Feminine Mistake: Women, Work and Identity* (Der weibliche Fehler - Frauen, Arbeit und Identität) stellt Judith Posner fest, daß die Frauen allmählich erkennen, daß sie die eine Art der Unterdrückung gegen eine andere eingetauscht haben und Gefangene der Überzeugung geworden sind, daß Leistung nur durch bezahlte Arbeit existiert, von der Frauen ausgeschlossen sind. Diese Frauen suchen nach einer neuen weiblichen Identität und streben nach einem Gleichgewicht zwischen Arbeit und Familie. Sie definieren sich nicht mehr über ihre Karriere. Judith Posner behauptet, Frauen seien die primären Ernährer, und die männliche Arbeitswelt sei daher für sie unhaltbar.

Penelope Leach hat Statistiken durchgesehen, die die Gefühle von Frauen zum Thema Arbeit schildern. Die Ergebnisse sind eindeutig: Frauen, die aus wirtschaftlicher Notwendigkeit arbeiten, würden lieber zu Hause bleiben, wenn sie es sich leisten könnten. Einem Bericht der Social Community Planning Research aus dem Jahre 1990 zufolge meinten 64 Prozent der befragten Frauen, Frauen sollten zu Hause bleiben, bis die Kinder in die Schule gingen. In einer Gallup-Umfrage aus dem Jahr 1992 gaben zwei Drittel der Befragten an, sie würden zu Hause bleiben, falls sie die Wahl hätten, und in amerikanischen Befragungen der Jahre 1989 bis 1992 äußerten fast 80 Prozent der amerikanischen Frauen den Wunsch, nach Möglichkeit zu Hause bleiben und für ihre kleinen Kinder zu sorgen. Das wirft Fragen über jene Frauen auf, die unfähig sind, »endloser Häuslichkeit« ins Auge zu sehen.

Lieben, pflegen und loslassen

Natürlich dauert die Mutter-Kind-Beziehung über den Auszug des Kindes hinaus an, doch es muß eine Zeit der Unsicherheit und Orientierung stattfinden, ehe sich die Beziehung neu strukturiert und einen neuen Platz findet. Und Teil dieser Veränderung ist die Trennung selbst und das schmerzhafte Wissen, daß wir unser Kind nicht länger vor der Welt, vor Gefahren, Unglück, Ablehnung und Verlusten beschützen können. Wie es Alice Thomas Ellis ausdrückt:

> Das Furchtbare ist, daß man sie erst lieben und dann loslassen muß. Das ist wahnsinnig schwer. Es geht nicht darum, sie behalten zu wollen, es geht darum, sie auf ewig beschützt zu wissen.

Wie wahr. Denn keine liebende Mutter, wie sehr sie auch das Ende ihrer Rolle betrauert, will ihr Kind ersticken oder verlangt, daß es aus falschem Pflichtbewußtsein oder aus Angst vor der Außenwelt zu Hause bleibt. Ich kenne »Kinder« über dreißig, über vierzig und sogar über fünfzig, die aus verschiedenen Gründen nie das elterliche Heim verlassen haben, und mir erscheint das schrecklich, eine Verschwendung von Chancen, von Möglichkeiten und eine Verweigerung des Lebens von Eltern und Kindern gleichermaßen – kurz, eine Tragödie. Der Abschied bedeutet, daß man seine Sache gut gemacht hat, selbst wenn der Preis für diesen Erfolg schmerzhaft sein mag.

Stella Clark beschrieb in einem Brief ihre Gefühle einige Zeit nach dem Auszug ihrer Kinder. Ihre Ehrlichkeit, was ihren Schmerz und ihren Mut loszulassen anbelangt, faßt für mich alles Wesentliche dieser Erfahrung zusammen.

> Wir haben einen Sohn von 26 und eine Tochter von 24 Jahren, die wir beide sehr lieben, und ich möchte keinen Deut an ihnen ändern. Beide gingen auf die Universität, und das war für sie ein natürlicher Anlaß, physisch und emotional aus dem Haus zu gehen. Ich verfiel in tiefe Depressionen, als beide fort waren, und es ist tröstlich zu hören, daß dieser Kummer bei Frauen sehr verbreitet ist. (Und bei Männern auch?)
>
> Mein Leben ist glücklich und erfüllt, dennoch vermisse ich unsere Kinder sehr. Ich hoffe, ich finde den Mittelweg zwischen Kontaktpflege durch Besuche, Briefe und Anrufe einerseits und dem Bewahren einer eigenen und starken Persönlichkeit andererseits. Ich hoffe, meine Liebe ist etwas Positives im Leben meiner Kinder und nicht etwas Negatives, das ihnen das Gefühl gibt, zu ersticken oder für mein emotionales Wohlergehen zuständig zu sein. Das größte Geschenk, das wir unseren Kindern mitgeben können, ist, glaube ich, Unabhängigkeit, emotionale Stärke und Freiheit von Schuldgefühlen.

5. Das Wesen des Verlustes

Die unmittelbare Reaktion auf den Verlust einer wichtigen Quelle positiver Werte ist wahrscheinlich ein Gefühl der Hoffnungslosigkeit, begleitet von einer ganzen Gefühlsskala, die von Schmerz, Depression und Scham bis hin zu Zorn reicht.

»Social Origins of Depression«
(Soziale Ursachen der Depression)
von George W. Brown und Tirril Harris

Für mich schien es im Sommer 1993 nur Verluste zu geben. Meine ältere Tochter, die ein Jahr in Amerika verbracht hatte, war ein Jahr zuvor zurückgekommen, um zu studieren, beschloß jedoch am Ende dieses ihres ersten Studienjahres, wieder in die Staaten zurückzukehren, und bereitete sich auf ihre neuerliche Abreise vor. Meine jüngere Tochter stand gerade vor ihrem ersten Auszug, sie wollte auf die Universität. Im August starb meine beste Freundin an Brustkrebs, und eine andere gute Freundin teilte mir mit, daß sie nach Spanien ziehen werde.

Daher ging es für mich in diesem Sommer auch darum, diesen Verlusten mit erhobenem Haupt zu begegnen, ohne das Auge davor zu verschließen, daß der Schmerz sein Recht verlangte und ich die Veränderungen zu akzeptieren hatte. Am Ende des Sommers galt es, alle einzelnen Fäden des Verlustes zusammenzuziehen und daraus ein Ganzes zu machen: einen Teppich aus Schmerz und Akzeptieren und Veränderung zu weben, jedes Gefühl, jede Empfindung in einem eigenen Farbton, gemischt mit den Farben des Sommers selbst, der Erinnerung an das Licht und die Sonne, die auf immer untrennbar mit Liebe und Sehnsucht und Abschied verbunden sind. Und zu Herbstbeginn waren sie alle fort, und es gab ein

großes, tiefes Loch, und ich begann, darin zu versinken. Ich fühlte mich wirklich so, als würde ich fallen, fühlte mich taub, lethargisch, deprimiert. Schließlich begriff ich, um was es bei diesem Verlust ging und was Verlust bedeutet, nicht nur für mich, sondern für jedermann.
Immer wenn wir etwas oder besonders jemanden verlieren, weckt das die Erinnerung an alle Verluste, die wir bisher erlebt haben, und auch wenn wir uns nicht bewußt an sie erinnern oder sie mit dem verbinden, was gerade mit uns geschieht, klingen sie wieder an, manchmal von weither. Ein Verlust ist vielleicht das schwerste im menschlichen Leben; und auch wenn wir damit auf unterschiedliche Weise umgehen, wir gewöhnen uns nie daran. In ihrem Buch *Healing Grief* (Trauer heilen) listet Barbara Ward die Stationen der Trauer auf. Es handelt sich um:

Schock und Negation

Verdrängung

Wachsendes Bewußtsein für Gefühle wie zum Beispiel:

Sehnsucht	Schuld
Zorn	Angst
Depression	

Annahme

Auch wenn es in diesem ausgezeichneten Buch in erster Linie um Trauerfälle geht, läßt sich dieses Modell auf alle Arten von Verlust anwenden. Die meisten Menschen neigen dazu, Verlust qualitativ zu beurteilen, etwa nach dem Motto: »Es gibt immer jemanden, dem es schlechter geht als dir.« Das mag zwar zutreffen, doch es verringert oder lindert keineswegs die machtvollen Gefühle, die wir alle erleben, in welchem Teil der Landschaft des Verlustes wir uns auch befinden mögen. Die Frauen, die versucht haben, im Gespräch mit mir oder in Briefen ihrem Kummer über den Auszug ihrer Kinder Ausdruck zu verleihen, verwenden alle die Sprache des Verlustes und der Trauer in genau derselben Weise wie bei einem Trauerfall in der Familie, wenngleich oft ein zusätzliches Schuldgefühl hinzukommt: Sie fühlen, sie hätten kein Recht, noch länger zu trauern, denn schließlich wäre ja niemand gestorben.

Schock und Negation

Zwei Gefühle, die sehr stark mit dem Tod eines Angehörigen verbunden sind, werden auch von den Frauen empfunden, deren Rolle als aktive Mutter zu Ende geht. Manchmal ist es die Art, in der ihre Kinder ausziehen; viele Frauen erleben einen Schock, wenn die Kinder viel früher als erwartet aus dem Haus gehen oder wenn Geschwister bald nacheinander ausziehen. Manchmal kommt es auch zu einem Gefühl, etwas versäumt, etwas nicht erledigt zu haben. Man will das leere Nest nicht wahrhaben, versucht es zu negieren. Diese Negation ist eng verwandt mit Verdrängung.

Verdrängung

Verdrängung findet oft auf ähnliche Weise statt, wie wenn jemand stirbt. Mary schrieb mir:

> Ich ließ ihr Zimmer, wie es war, als sie noch zu Hause wohnte. Ihre Poster sind noch an den Wänden, und ich arrangiere gern ihre Stofftiere auf ihrem Bett. Sie ist inzwischen verheiratet, und ich weiß, sie braucht ihre Kindersachen nicht mehr und wird auch nicht mehr in ihrem Zimmer schlafen, doch so gefällt es mir.

Als ich Mary besuchte, zeigte sie mir das Zimmer. Es wirkte etwas unheimlich. Die Zeit war stehengeblieben, in der Kindheit und Jugend ihrer Tochter; es sah aus wie bewohnt oder als warte es auf die Rückkehr der Bewohnerin. Doch die Bewohnerin war eine 23jährige Frau, die »das kindische Zeug abgelegt« hatte. Marys Problem war: *Sie* hatte es nicht abgelegt. Es erinnerte mich an die Art, wie die Besitztümer von Toten oft »nur so« aufbewahrt werden, Zimmer wie Schreine unverändert bleiben, manchmal für die Toten selbst noch der Tisch gedeckt wird. Ich kenne diese Art von Verdrängung: Mein Vater, der im Nachbarhaus wohnte, pflegte uns jeden Abend gegen acht für einen kleinen Plausch zu besuchen. Als er starb, sah ich hinterher noch lange um diese Zeit erwartungsvoll zur Tür. Es war, als könne ich ihn durch die Macht der Gedanken zurückholen; wenn ich nur glaubte, daß er wie immer durch diese Tür kommen werde, dann werde er das tun. Ich erinnere mich, wie ich, vor Trauer überwältigt, zu meinem etwas beunruhigten Mann sagte: »Er wird jeden Augenblick kommen, wart's nur ab!«

Eine andere Art von Verdrängung, die bei Menschen vorkommt, die unter dem Leeres-Nest-Syndrom leiden, ist die Sehnsucht nach der Vergangenheit, nach der Kindheit ihrer Kinder, nach den glücklichen Zeiten, in denen die Sommer durch die rosa Brille immer warm und sonnig waren, Familienferien das reine Glück und kleine Kinder nichts als Freude machten. So wie wir die Toten idealisieren, fällt es uns auch leicht, die Mutterschaft als eine Zeit in Erinnerung zu behalten, in der alles perfekt war, und die Wirklichkeit der schlaflosen Nächte, Sorgen um die Schule und die endlosen Anforderungen zu vergessen, die an uns gestellt wurden. Als ich neulich in einer Buchhandlung zufrieden schmökerte, stieg in mir plötzlich die lebhafte Erinnerung an Einkaufen mit kleinen Kindern auf; nicht nur ist es praktisch unmöglich, ein Buch durchzublättern, wenn sie in der Nähe sind, oder sich auf sich selbst zu konzentrieren, mir fielen auch die plötzlichen dringenden Bedürfnisse nach einer Toilette ein, woraufhin man sie in höchster Eile aus dem Geschäft schob und sich verzweifelt umsah, denn bei kleinen Kindern sind einfach nie genug Toiletten in der Nähe! Heute schmökern meine erwachsenen Kinder mit mir in der Buchhandlung, und mir war erst klar geworden, was das für ein Luxus ist, als ich diese plötzliche Vision hatte.

Doch ich verstehe sehr gut, wie verführerisch diese Art von

Verdrängung sein kann. Wenn wir im Geiste in der Zeit bis zu den Tagen zurückgehen, in denen wir unsere Kinder bei uns hatten, als wir steuerten, was mit ihnen geschah, und als es so schien, als würden sie immer bei uns sein, da es für die meisten Menschen fast unmöglich ist, einen Blick in die Zukunft zu tun – wenn wir also unseren Geist auf diese Dinge richten, können wir zumindest in unserer Phantasie der Realität entkommen, in der unsere Kinder groß und aus dem Haus sind.

Es gibt eine weitere Form der Verdrängung, die mit dem Echo vorheriger Verluste zusammenhängt. Es ist menschlich und verständlich, daß wir versuchen, uns abzuwenden, wenn wir vor großem Schmerz stehen. Wir verlagern ihn aus unserem Bewußtsein, wir stürzen uns in Ersatzhandlungen, wir kleistern die Risse zu – kurz: Wir gestatten uns oft nicht zu trauern. Trauer ist unbequem, um es einmal so auszudrücken, und manche Leute fürchten sich davor, aus Angst, daß Trauern sie aus dem Gleichgewicht bringt, daß sie anfangen zu weinen und nicht mehr aufhören können. Wir fühlen uns unangenehm an unsere Hilflosigkeit als Kinder erinnert, als wir unserem Schmerz hilflos ausgeliefert waren und uns deshalb nackt und schutzlos fühlten, als wir von anderen gehänselt wurden, wenn wir unfähig waren, unser Weinen zu kontrollieren. Viele von uns haben Angst, die Kontrolle zu verlieren, als seien wir, wenn wir unsere Gefühle beherrschen und unterdrücken, weniger zerrissen oder aufgewühlt. Die Sprache ist sehr machtvoll in den Bildern, die sie mit Gefühlen verknüpft.

Als ich zwölf war, ließ meine Mutter meine Katze einschläfern. Ich ging mit meinem Vater zum Tierarzt und mußte dann wieder zurück in die Schule. Mitten in einer Englischstunde brach ich in unkontrollierbares Schluchzen aus. Nicht nur war es mir maßlos peinlich, so in der Öffentlichkeit zu weinen, der Lehrer tadelte mich wegen mangelnder Selbstbeherrschung und schickte mich aus der Klasse, bis ich mich wieder im Griff hätte. Wir alle kennen dieses »Reiß dich zusammen«. Ich weiß heute, daß der Lehrer ziemlich unfähig war, mit dem Schmerz eines Kindes umzugehen, doch damals dachte ich,

ich sei sehr schwach und irgendwie schlecht. Selbst heute habe ich Probleme damit, vor anderen zu weinen, und jahrelang konnte ich mit keiner Art von Schmerz umgehen. Und ich weiß, das ist keine ungewöhnliche Erfahrung. Wir sind nicht sehr gut darin, mit Trauer umzugehen oder jene zu unterstützen, die offen trauern. Die meisten Menschen wollen es lieber unter den Teppich kehren.

Und wenn nun die Kinder aus dem Haus gehen, was im Leben jeder Frau ein größerer Wendepunkt ist, können bei ihr Erinnerungen an andere, unbewältigte Verluste hochkommen und wollen, vielleicht zum ersten Mal, verarbeitet werden. Und der einzige Weg nach vorn führt durch den Schmerz.

Sehnsucht

Sehnsucht ist ein wichtiger Teil des Trauerprozesses, beim Syndrom des leeren Nests ebenso wie bei einem Trauerfall, und auch sie enthält Elemente der Verdrängung. Sehnsucht konzentriert sich meist auf irgendeine Art Wunsch, die Uhr zurückzudrehen; daß es, was auch immer, nicht geschehen sei. Sie ist ein tiefgehender Schmerz, für den es keine Worte gibt. Sie ist das, was Frauen empfinden, wenn sie die alten Spielsachen ihrer Kinder ansehen oder wenn sie die Stille unerträglich finden, wenn sie in leere Zimmer gehen, die längst nicht mehr diese fast spürbare Gegenwart vermitteln, oder wenn sie es nicht aushalten, den Schulbus zu sehen. Sehnsucht kann ziemlich brutal sein. Beim Leeres-Nest-Syndrom müssen wir achtgeben, daß sie nicht in Selbstsucht umschlägt, denn wenn wir unsere Kinder zurückwünschen, heißt das, daß wir ihnen ihr eigenes Leben streitig machen.

Sehnsucht kann auch die Form annehmen, eine bestimmte Zeit nochmal erleben zu dürfen, um es diesmal besser zu machen, aus dem heutigen Wissen heraus, doch auch dies ist ein trügerisches Gefühl. Mütter sind voller Schuldgefühle, doch Tatsache ist, daß wir unser Bestes getan haben, und das ist alles, was unsere Kinder von uns wollen. Das Gefühl, »es nicht richtig hingekriegt« zu haben, ist der Reue sehr nah verwandt. Es ist wichtig, daß wir nicht an einer Stelle festhaken, wo wir die Vergangenheit nicht loslassen können, weil wir überzeugt sind, wir hätten es damals besser machen können.

Zorn

Ich habe oft gelesen, daß Menschen auf einen Toten zornig waren, und habe das nie verstanden; schließlich konnte er doch nichts dafür, daß er gestorben ist. Als mehrere enge Angehörige meiner Familie starben, wurde ich aufgefordert, meinen Zorn auf sie auszudrücken, weil sie mich verlassen hatten. Ich habe so etwas einfach weder verstanden noch nachvollziehen können. Doch als meine beste Freundin starb, überkam mich der Zorn. Sie war so stark, so unbesiegbar, so tüchtig gewesen. Wie konnte sie es zulassen, daß der Tod die Oberhand über sie gewann und mich ohne sie zurückließ? Und ich weiß, daß diese eigenartige Reaktion sehr verbreitet ist.
Zorn ist ein Teil der Trauer und bei jedem Verlust ein natürlicher und verständlicher Teil des Prozesses. Die Frau, die sich dem Schicksal preisgegeben fühlt, wenn ihre Kinder das Haus verlassen, kann scheinbar unerklärlichen Zorn in sich aufwallen spüren; Zorn auf die Kinder, die sie verlassen haben, Zorn auf das Schicksal, Zorn auf sich selbst, wegen ihrer Unfähigkeit, mit der Situation fertig zu werden. Oft entlädt sich dieser Zorn auf den Ehemann oder Partner; sie sind in der Schußlinie und daher ein leichtes Ziel. Der Mann kann sich von einem Zorn angegriffen fühlen, für den er keinerlei Grund erkennt, und solange sich nicht beide Partner bewußt sind, daß dieser Zorn ein notwendiger Teil des Trauerprozesses ist, kann es zu Schwierigkeiten in der Beziehung kommen. Hier ist es wichtig, zu erkennen und zu akzeptieren, daß der Zorn, so eigenartig er auch sein mag, normal ist und daß es nicht falsch ist,

ihn zu erleben. Worauf es ankommt, ist, was wir mit dem Zorn tun.
Zorn auf das leere Nest kann jedoch kompliziert und unvorhersehbar werden. Ich machte mir Sorgen um einige Frauen, die mit mir über ihre zornige Reaktion beim Auszug ihrer Kinder sprachen. Sie fanden, ihre Kinder hätten es nicht tun dürfen, da es sie so unglücklich machte, und diese Mütter fanden es schwer, es den Kindern nicht vorzuenthalten. Das führt jedoch entweder zu Schuldgefühlen den Kindern gegenüber, oder, häufiger, zu Distanz oder sogar zu Entfremdung mit den Folgen großer Traurigkeit und in manchen Fällen Bitterkeit.
Meine Freundin Ruth, eine kluge und erfahrene Psychotherapeutin, erklärte, wie Zorn von Schuld überlagert und hinter Depression versteckt werden kann:

> Oft geben Menschen der Quelle ihres Unglücklichseins die Schuld, doch solange man nicht aufhören kann, irgend jemandem oder demjenigen, der es scheinbar ausgelöst hat, Schuld für das, was geschehen ist, zuzuweisen, kann man sich nicht mit dem Geschehenen versöhnen. Man kann einer Person nie vergeben, daß sie gestorben ist, oder dem Krankenhaus, weil der Betreffende dort gestorben ist – und solange es um Schuld geht und solange Frauen sich selbst die Schuld geben, auch unbewußt, gibt es keine Lösung. Sie müssen sich zornig fühlen können – ob auf Umstände, die außerhalb ihres Einflußbereichs liegen, auf andere oder auf sich selbst. Das ist am schwierigsten, auf sich selbst zornig zu sein, denn es bedeutet, daß du die Verantwortung auf dich nimmst. Wenn du das nicht kannst, kannst du den Zorn nicht hinauslassen, und du wirst depressiv. Wenn ich Depression sehe, lautet meine erste Frage stets: Wo ist der Zorn?

Es gibt Methoden, mit Zorn umzugehen. Manche Menschen finden es hilfreich, sich gehen zu lassen, in einem leeren Haus oder Auto zu schreien und zu brüllen, vielleicht auch mit einem verständnisvollen Freund oder Partner. Therapeuten empfehlen oft irgend eine Form von Arbeit, wie den Zorn herausmalen oder Brotteig kneten, boxen und knuffen – das kann sehr befriedigend sein und nimmt der rohen Gewalt die Spitze. Es macht nichts, solange sie sich in harmlose Richtungen entlädt und solange sie nicht unterdrückt wird. Und so schwer es auch ist, wir sollten unseren Zorn nicht auf unsere Kinder richten, die das tun, was für sie normal und richtig ist, wie schmerzhaft es auch für ihre Mütter sein mag. Es ist völlig in Ordnung, Zorn ohne Schuldgefühle zu empfinden.

Depression

Bei Depressionen geht es um Leere, Trostlosigkeit, Verzweiflung. Sie kann sich in Form von häufigem Weinen oder in der Unfähigkeit äußern, in Tränen Erleichterung zu finden. Manche Leute haben das Bedürfnis, ständig zu schlafen, andere finden keinen Schlaf. Manche können nichts essen, andere essen unaufhörlich. Dazu kommt Traurigkeit, Einsamkeit, Verlust des Selbstvertrauens und Selbstwertgefühls, Hoffnungslosigkeit und Ziellosigkeit. Oft fällt es dem Betroffenen schwer zu glauben, irgend etwas werde je wieder normal sein.
Viele Frauen, die am Leeres-Nest-Syndrom leiden, berichten über einige oder alle dieser Gefühle. Manche sind sich ihrer Depression bewußt, viele schrecken davor zurück. Wichtig ist zu wissen, daß diese depressiven Gefühle auch nur ein natürlicher Teil des Verlustes und der Trauerarbeit sind und nicht unbedingt eine Krankheit.
Tirril Harris hat ein Forschungsstipendium der Universität London und ist spezialisiert auf das Thema Frauen und Depression. Ihr gemeinsam mit Professor George W. Brown verfaßtes Buch *Social Origins of Depression* (Soziale Ursachen der Depression) ist eine erhellende und analytische Studie über weibliche Depressionen, ihre Ursachen, ihre Form und ihre Behandlung. Was mir neu war, ist die Tatsache, daß es »Verwundbarkeitsfaktoren« gibt, die zur Depression prädisponieren – und der wichtigste ist ein Verlust. Die Autoren beschrei-

ben Ereignisse rund um einen Verlust als »die Beraubung von Quellen von Wert oder Belohnung« und meinen, solch ein Verlust sei »für die Entstehung von Depressionen wichtig, da er uns unfähig macht, über uns selbst, unser Leben und die uns Nahestehenden positiv zu denken«. Mit anderen Worten, unser Selbstwertgefühl ist im Keller und oft kaum mehr wahrnehmbar. Aus der Arbeit von Brown und Harris wird deutlich, daß niedriges Selbstwertgefühl ein primärer Faktor bei Depressionen ist, und meine eigenen Untersuchungen zeigen, daß viele Frauen beim Auszug ihrer Kinder an niedrigem Selbstwertgefühl leiden, da sie sich jetzt überflüssig vorkommen. Diese Gefühle gehen oft mit etwas einher, das fast an Lähmung grenzt; natürlich fällt es den Frauen in diesem Zustand schwer, über irgend etwas positiv zu denken. Wie es Brown und Harris ausdrücken:

> Das Gefühl der Hoffnungslosigkeit bleibt nicht immer auf das auslösende Ereignis beschränkt ... Es kann zu Gedanken über die Hoffnungslosigkeit des eigenen Lebens im allgemeinen führen. Eine solche Generalisierung der Hoffnungslosigkeit ist es, die wir für den Kern einer depressiven Störung halten.

Dieses Gefühl der Hoffnungslosigkeit, so Brown und Harris, tritt meist als Reaktion auf eine Veränderung von außen auf. Für viele Menschen ist Veränderung und die Angst vor Veränderung psychologisch gleichbedeutend mit Verlust, auch wenn die Veränderung Gelegenheiten zu Wachstum und Neuentwicklung mit sich bringt. Brown und Harris dazu:

> Bei einer Veränderung laufen wir Gefahr, zumindest vorübergehend das Gefühl für die Realität des Lebens zu verlieren ... Krisen können grundlegende Fragen über unser Leben aufwerfen. Sie konzentrieren unsere Aufmerksamkeit auf die Gegenwart, und da sie das sichtbare Ergebnis unserer Vergangenheit ist – unserer Entscheidungen, Beschlüsse und Fehler –, beginnen wir uns zu fragen, wie unser Leben aussehen könnte, worin sein Sinn liegt und was sein wird.

> Ein Sohn, der aus dem Haus geht, kann in seiner Mutter alarmierende Gedanken über die Leere in ihrer Ehe auslösen und darüber, wie sie es ohne ihn schaffen wird. Selbst die Erwartung von Veränderung kann ausreichen – einfach die Nachricht, daß ihr Sohn aus dem Haus gehen will.

Eine Frau, die von Brown und Harris befragt wurde, sagte, sie sei sich der Einsamkeit und Sinnlosigkeit ihres Lebens zum ersten Mal bewußt geworden, als ihre 16jährige Tochter aus den Sommerferien zurückkam. »Sie fehlte mir«, sagte die Mutter. »Als sie zurückkam, war sie sehr erwachsen, und ich spürte, daß ich sie verloren hatte, und mir wurde zum ersten Mal bewußt, daß ich eines Tages beide Kinder verlieren würde. Das machte mir bewußt, wie einsam ich war und wie sehr von ihnen abhängig.« Brown und Harris berichten, daß die Selbsteinschätzung der Frau nicht unrealistisch war. Bald danach kam es zu einer größeren depressiven Störung.
Der folgende Bericht zeigt, wie rasch Verluste sich zu einem Zustand der Hoffnungslosigkeit und Verzweiflung aufbauen können, de facto einer Depression:

> Ich weiß nicht, wie oft Sie mit einer Art »Mehrfaches Leeres-Nest-Syndrom« zu tun haben. Für mich begann es vor zwölf Jahren. Zuerst heiratete mein ältester Sohn, den ich sehr liebe, und zog ins Ausland. Einen Monat später, aus völlig heiterem Himmel, verließ mich mein Mann, nur ein paar Wochen vor unserer Silberhochzeit. Er kam zurück und verschwand innerhalb kurzer Zeit noch zweimal. Jedesmal, wenn er mich verließ, war mein Schmerz unerträglich. Nach seinem definitiven Auszug – in die Arme einer jüngeren Frau natürlich – wurde in mein Haus eingebrochen, und ich verlor sehr viel – all die liebevollen Geschenke, die ich im Laufe der Jahre von meinem Mann, meinen Söhnen, meiner verstorbenen Mutter und Großmutter erhalten hatte. Das war ein schwerer zusätzlicher Verlust. Mein jüngerer Sohn war noch in der Schule und kam nach Beendigung seines College-Kurses zurück, um bei mir zu wohnen. Zu diesem Zeitpunkt mußte ich in ein kleineres Haus ziehen

und meinen Besitz verkaufen. Nach verschiedenen Jobs wurde mein Sohn nach Brüssel geschickt, kehrte jedoch alle paar Monate für ein Wochenende zurück. Jedes Mal traf mich seine Abreise schwer, doch ich wurde damit recht gut fertig. Beim ersten Mal war es sehr schmerzhaft, obgleich die meisten Sachen in seinem Zimmer blieben und ich mich nicht so allein fühlte. Voriges Jahr ging seine Zeit in dem Brüsseler Büro zu Ende, und er kam nach Hause. Allerdings hatte er ein belgisches Mädchen kennengelernt, und die beiden wollten zusammen in London leben. Vor ein paar Tagen zog er endgültig aus. Sein Zimmer ist ausgeräumt und leer, und ich hatte noch nicht den Mut hineinzusehen. Der Schmerz ist zu groß, und in der Herzgegend verspüre ich ein ständiges dumpfes Stechen. Die letzten Jahre, die mir wie endlose Verluste erscheinen, haben natürlich ihren Tribut gefordert, und obgleich ich mich wieder aufraffte und weiterlebe, hat man mir gesagt – und ich weiß, daß das stimmt –, daß ich nur noch selten lächle und daß meine Augen einen traurigen Ausdruck haben. In einer Hinsicht habe ich Glück, denn ich habe eine sehr gute Arbeitsstelle; ich besuche meinen älteren Sohn und zwei entzückende Enkelkinder in Kalifornien einmal im Jahr; das ist ein Ersatz, doch auch schwierig, wenn es wieder ans Abschiednehmen geht. Ich sollte jetzt zu meinem jährlichen Besuch dorthin aufbrechen, doch ich fürchte mich schon wieder vor der Rückkehr in ein leeres Haus. Ich kann nur sagen, daß mir nichts geblieben ist, daß mich noch berühren kann.

Betty, die Schreiberin dieses Briefes, gibt einen wichtigen Hinweis, wenn sie von einem »Mehrfachen Leeres-Nest-Syndrom« spricht. Die Phase, in der unsere Kinder aus dem Haus gehen, fällt mit anderen schwierigen Ereignissen im Leben zusammen: finanziellen Problemen, Freisetzung am Arbeitsplatz, Pflege oder Tod der eigenen Eltern, Menopause, Hysterektomie (operative Entfernung der Gebärmutter). Einige Frauen erwähnten dieses Thema und sprachen davon, wie diese zusätzlichen Belastungen oder Verluste ihre Traurigkeit und ihren Kummer noch verstärkten:

> Gleichzeitig mit dem Auszug meiner Kinder ins College unterzog ich mich einer Hysterektomie. Obgleich ich 45 Jahre alt war, trauerte ich völlig unvernünftig darum, daß ich nun nie wieder ein Kind bekommen konnte (ein drittes Kind war nie geplant gewesen). Zu jener Zeit ging mein Mann in Frühpension. Mein Leben änderte sich innerhalb von zwei Jahren vollkommen, und es fiel mir schwer, damit fertig zu werden. Zugleich fingen wir an, Menschen um uns herum zu verlieren – meine Schwiegereltern, ein guter Freund, unser Nachbar (bei einem Unfall), zwei Cousins (bei einem Unfall). Ich hatte das Gefühl, auf einen Zusammenbruch zuzusteuern. Als ich schließlich völlig verzweifelt meine Ärztin aufsuchte, verordnete sie mir unerbittlich eine Hormonersatztherapie. Ich nehme sie jetzt und fühle mich erheblich besser, doch ich habe das Gefühl, ohne die Hysterektomie wäre ich nicht so tief in Verzweiflung abgedriftet. Ich glaube, daß mein Verzweiflung nicht speziell vom Auszug der Kinder ausgelöst wurde, sondern von einer Verbindung von Umständen, alternden Eltern, Trauerfällen, Ruhestand, Menopause.

> Sobald unsere Kinder aus dem Haus waren und die unmittelbare Elternrolle vorbei war, dachten wir, wir hätten jetzt viel Zeit für uns, doch sobald wir aufhörten, uns als Eltern Sorgen zu machen, begannen wir, uns um Eltern Sorgen zu machen.

> Ich freute mich, als meine Kinder studierten, und beschloß, ich wollte etwas für mich selbst tun; also begann ich mit einem Teilzeit-Studium. Dann kam es zu einer Reihe von Trauerfällen, auf die ich nicht vorbereitet war. Ich bin sicher, das passiert Leuten in den Fünfzigern häufig, gerade, wenn sie ein paar Dinge in ihrem Leben neu ordnen. Erst starb mein Vater, dann meine Muter, dann mein Schwiegervater – alle starben innerhalb von sechs Monaten. Mit allen hat-

te ich ein sehr gutes Verhältnis gehabt, ohne daß ich von ihnen abhängig war, und ich dachte, ich hätte es geschafft, mit ihrem Tod fertig zu werden.
Doch fünf Monate später mußte ich regelmäßig meine Ärztin aufsuchen. Offenbar war mein Fall für sie etwas Vertrautes – ich hatte eine Reihe von Schicksalsschlägen erlebt, und eine reaktive Depression war das Ergebnis. Da ich entschlossen war, das verschriebene Antidepressivum nicht zu nehmen, ließ ich mich auf eine Reihe alternativer und komplementärer medizinischer Behandlungen ein, darunter Reflexologie, Homöopathie und Hypnotherapie. Alles sehr teuer.
Heute gehe ich etwa seit einem Jahr zum Arzt und fühle mich allmählich besser, obgleich ich mir im nachhinein wünsche, ich hätte erkannt, daß Selbsthilfe nicht ausreicht. Ich benötigte auch gute, unterstützende und konstruktive Beratung und vor allem jemanden, der sich konstant meine Sorgen und Ängste anhörte – den es in der Praxis meiner Ärztin nicht gab. Meinen Ehemann langweilten meine Probleme bald, und er sagte, er könne mir nicht helfen. Ich spürte auch, daß ich Freunde nicht länger belasten könne.

Obgleich Angst und Streß recht verbreitet sind und man daran nicht stirbt, können sie eine zerstörerische Wirkung auf unser Leben ausüben, und dies besonders in einer Phase, in der wir sehr verwundbar sind. Zu versuchen, damit allein fertig zu werden, ist erschreckend und ungemein ermüdend – man benötigt dazu alle Hilfe, die man bekommen kann.
In *Social Origins of Depression* schreiben Brown und Harris:

> Natürlich ist die Erkenntnis verbreitet, daß Verluste eine wichtige Rolle bei Depressionen spielen. Während ein Großteil der breiten Forschung Todesfälle untersucht, wies bereits Freud in *Trauer und Melancholie* darauf hin, daß das Objekt nicht notwendigerweise gestorben sein muß, sondern auch nur als Objekt der Liebe verlorengegangen sein kann.

Und weiter:

> Für eine Frau, die bereits zuvor eine wichtige Person durch den Tod verloren hat, kann der Auszug ihrer Kinder eine Bedeutung erlangen, als ob sie gestorben wären.

Das wurde durch eine Reihe von Briefen bestätigt, die ich von einer Frau erhielt, die genau von einem derartigen Ereignis tief in Mitleidenschaft gezogen worden war. Dorothy, deren erster Brief an mich von großem Leid zeugte, fand, sie war damit gut fertig geworden, als ihr ältestes Kind, ein Sohn, mit 22 Jahren aus dem Haus ging und heiratete:

> Ich war traurig, ja, es war das Ende einer Ära und der Anfang einer neuen Zeit in unser aller Leben. Ein wenig machte ich mir Sorgen, denn ich fand, er war noch ziemlich jung, um zu heiraten – und ich muß gestehen, ich war auch etwas eifersüchtig auf seine künftige Frau, obgleich ich weiß, daß das bei Müttern von Söhnen nichts Ungewöhnliches ist. Wir sahen ihn und seine Frau recht häufig. Ich hieß sie als Schwiegertochter willkommen und bemühte mich um eine gute Beziehung zu ihr. Ich glaube, wir stehen uns jetzt recht nahe.

Drei Jahre später ging Dorothys Tochter zum Studium aus dem Haus. Dorothy litt sehr unter dem Verlust, wurde damit aber fertig und richtete sich wieder darauf ein, mit ihrem Mann als Paar zu leben. Ihr Mann war erheblich älter als sie; gegen Ende des ersten Studienjahres ihrer Tochter erlitt er einen Schlaganfall und starb.

> Ich war vollständig zerstört. Obgleich er älter war, war er nicht alt, und ich hatte mir vorgestellt, wir hätten viele gemeinsame Jahre vor uns. Wir hatten uns gerade auf einen bequemen Lebensstil eingerichtet, in dem wir voneinander nichts forderten, unser Zusammensein genossen und uns beide bemühten, uns an das ruhige Haus zu gewöhnen – und ich muß sagen, den Frieden ab und zu ganz angenehm zu finden. Doch als er starb – da wollte ich alles zurück. Ich

wollte meine Familie um mich haben. Ich sehnte mich danach, meine Tochter zu bitten, wieder nach Hause zu kommen, doch natürlich tat ich es nicht. Ich erzählte keinem der Kinder, wie verzweifelt einsam ich mich fühlte. Ich wollte sie nicht belasten. Und auch sie vermißten ihren Vater ganz schrecklich – ich mußte sie in ihrer Trauer unterstützen. Sehr langsam kam ich damit zurecht, allein zu sein. Ich glaube, ich habe mich mit den Phasen des Trauerns befaßt, und es war hilfreich zu wissen, welche es waren und daß sie alle normal waren.

Als Kate promovierte, hatte sie einen Freund aus Neuseeland, den ich kennengelernt hatte und sehr sympathisch fand. Sie waren im selben Semester, studierten allerdings andere Fächer. Ich hatte keine Ahnung, daß die Beziehung so ernst war – vielleicht wollte ich die Anzeichen aber auch nur nicht sehen, ich weiß nicht. Zwei Wochen nach ihrer Promotion eröffnete mir Kate, daß sie heiraten wolle und daß Jake, ihr Freund, nach Neuseeland zurückkehren wolle. Ich konnte es nicht fassen. Ich konnte dem einfach nicht ins Auge sehen. Die nächsten sechs Monate, während die beiden ihre Abreise vorbereiteten, war ich wie betäubt. Ich weiß, Kate fühlte sich schrecklich, doch es ist ihr Leben, und ich bestätigte sie darin immer wieder. Bei ihrem Abflug war ich wie betäubt, eine Freundin hatte mir Valium gegeben, und ich hatte furchtbar viel getrunken.

Mit ihrer Abreise wurde ich nicht fertig. Es war völlig irrational, doch ich fühlte mich, als sei sie tot. Es war wie nach einem neuen Trauerfall, doch das war sinnlos. Ich konnte mit niemandem darüber sprechen. Mein Leben änderte sich völlig – ich wollte nicht mehr ausgehen, ich konnte nichts essen – nichts war mehr von Bedeutung. Ich konnte nicht mehr richtig schlafen und fühlte mich die ganze Zeit wie in eine stickige graue Decke gewickelt, durch die ich weder sehen noch fühlen konnte. Wirklich nichts schien für mich mehr Sinn zu haben, und ich fragte mich, wie viele weitere Tage, Wochen, Monate ich noch des Morgens aufwachen und die gleiche Trostlosigkeit, dieses schreckliche Gefühl

> erleben würde, daß hier der nächste Tag war, den ich irgendwie überstehen mußte.

Nach mehreren Monaten ging Dorothy zum Arzt. Er erkannte, daß sie schwer depressiv war, und verschrieb ihr eine Kur mit Antidepressiva. Sie hatte das Glück, einen klugen und mitfühlenden Arzt zu haben, der nicht nur erkannte, daß ihre Depression die Folge von unbewältigter Trauer war, sondern ihr auch Zeit einräumte, darüber zu sprechen. Sie entdeckte, daß ihr normaler Prozeß des Trauerns um ihren Mann abgebrochen und unterdrückt worden war, als ihre Tochter ins Ausland ging, und daß die Abreise ihrer Tochter tatsächlich für sie wie ein zweiter Todesfall war. Seit sie begonnen hat, diese beiden schweren Verluste zu betrauern, fängt sie allmählich wieder an, sich zu erholen. Sie schreibt:

> Ich weiß jetzt, daß es mir wieder besser gehen wird. Ken ist gegangen, und Kate kommt vielleicht nie zurück, doch ich kann sie besuchen; tatsächlich plane ich eine Reise für diesen Sommer. Das wichtigste für mich ist, daß ich jetzt wieder mit Hoffnung an die Zukunft denke. Als ich sehr depressiv war und dies nicht getan habe, war das wirklich Erschreckende das Gefühl – mehr als das, die Überzeugung –, daß mir nun nichts geblieben sei. Heute weiß ich, daß ich viele erfüllte Jahre vor mir habe, vielleicht Enkelkinder, auf die ich mich freuen kann, und meinem Sohn und meiner Tochter geht es gut, sie sind gesund, und wir sind einander eng verbunden. Es ist schrecklich zu denken, daß ich so knapp davor war zu wünschen, mein Leben wäre vorbei.

Die Frage, was eine klinische Depression im Unterschied zu »depressiver Stimmung« ausmacht, ist umstritten. George Brown und Tirril Harris stimmen mit dem Psychologen und Begründer der kognitiven Therapie, Aron Beck, überein, demzufolge es zum Wesen der Depression gehört, daß das Selbst sich als wertlos empfindet und die Außenwelt bedeutungslos und die Zukunft hoffnungslos erscheint. International medizinisch anerkannte Richtlinien zur Diagnose von Depression als klinischem Zustand umfassen unter anderem die folgenden wichtigsten Symptome:

1. Deprimierte Stimmung, die fast jeden Tag auftritt und den größten Teil des Tages anhält; sich traurig, leer oder den Tränen nahe fühlen.
2. Verlust des Interesses oder Vergnügens an fast allen Aktivitäten, an fast jedem Tag und während des größten Teils des Tages.
3. Gewichtsveränderungen; Zu- oder Abnahmen.
4. Schlafschwierigkeiten: Schlaflosigkeit, in der Nacht oder sehr früh am Morgen wach werden oder stark erhöhtes Schlafbedürfnis.
5. Das Gefühl körperlicher oder geistiger Überdrehtheit und/oder Gedämpftheit, Trägheit.
6. Erschöpfung oder Energieverlust, fast täglich.
7. Gefühl der Wertlosigkeit und/oder Schuldgefühle; Verlust des Selbstvertrauens und/oder Selbstwertgefühls.
8. Verringerte Denk- oder Konzentrationsfähigkeit, Unfähigkeit, Entscheidungen zu treffen.
9. Wiederholte Gedanken an den Tod oder Selbstmordgedanken.

(Quellen: Internationale Klassifikation von Krankheiten, WHO und The American Psychiatric Association)

Unter klinischen Psychologen herrscht der Konsens, daß die Diagnose Depression gestellt werden kann, wenn mindestens fünf dieser Symptome mehr als zwei Wochen lang konstant anhalten. Die Behandlung erfolgt meist mit Medikamenten – inzwischen gibt es eine breite Vielfalt unterschiedlicher Antidepressiva – oder durch Therapie oder durch eine Kombination beider Behandlungsformen. Wenn Sie den Eindruck haben, Sie könnten an Depressionen leiden, ist das kein Grund zur Panik. An Depressionen hängt kein Stigma, auch wenn weniger sensible Individuen leider noch immer zu der Ansicht neigen, depressive Menschen sollten sich zusammenreißen oder aus ihrer depressiven Stimmung herausgeholt werden. An Depressionen ist ein Mensch ebensowenig schuld wie an einem

Beinbruch (meist weniger!), und Medikamente zu nehmen ist nichts anderes, als wenn sich ein Diabetiker Insulin spritzt.
Im Laufe ihrer gründlichen Untersuchungen stellten George Brown und Tirril Harris fest, daß bei Frauen einer der wichtigsten Risikofaktoren, der zu Depressionen prädestiniert, das Fehlen eines Vertrauten ist. Das kann ein Ehemann oder Partner sein, eine Mutter, eine andere Verwandte oder ein enger Freund, das Entscheidende bei diesem Vertrauensverhältnis ist, daß die Frau das Gefühl hat, daß sie jemanden hat, dem sie all ihre Probleme, Gefühle, Sorgen, Zweifel und Freuden völlig offen mitteilen kann, ohne die Angst, verurteilt zu werden. Von vielen Frauen, die mir ihre Geschichte mitteilten, habe ich gehört, daß sie mit niemandem über ihre Gefühle sprechen konnten. Viele sagten, ihr Mann könne ihre Traurigkeit nicht verstehen, und Freundinnen, deren Kinder ebenfalls aus dem Haus waren, schienen damit gut fertig zu werden oder empfanden nicht das gleiche Gefühl von Verlust, Überflüssigkeit und Trauer.
Aus vielen Berichten von Frauen, die am Syndrom des leeren Nests leiden, geht hervor, daß ihre Traurigkeit und ihr Gefühl, einen Verlust erlitten zu haben, durch eine höchst reale Depression verstärkt wurden. Die oben angeführten Symptome bieten einen nützlichen Leitfaden zur Diagnose von Depressionen, die andernfalls unentdeckt bleiben könnten. Doch jede Frau, die sich depressiv fühlt, kann ihren praktischen Arzt um Hilfe bitten, egal, welche Symptome sie hat. Das Problem ist, daß viele glauben, sie hätten kein Recht dazu. Frauen, die leiden, wenn ihre Kinder aus dem Haus gehen, gelangen oft auf eine Abwärtsspirale. Die Gesellschaft sagt uns, daß wir unsere Kinder gehen lassen müssen; wenn wir das nicht tun, sind wir schlechte Mütter. Wenn wir trauern, wenn wir depressiv werden, könnten wir annehmen, daß wir etwas falsch machen, wir empfinden Scham und Schuld und schweigen oft darüber. Wenn wir traurig und allein sind und weinen, glauben wir, daß wir als Mütter versagt haben, und sehen daher nicht die Berechtigung unserer Gefühle; daher gönnen wir uns auch keine Hilfe aus welcher Richtung auch immer.

Dies wurde mir durch viele Frauen deutlich, die mir schrieben oder mit mir sprachen. »Dies ist das erste Mal, daß ich darüber sprechen konnte«, war eine häufige Aussage. In Anbetracht der Wichtigkeit, die Brown und Harris einer Vertrauten zumessen, sollte jede von uns überlegen, ob sie nicht eine Verwandte oder gute Freundin hat, die dafür in Frage kommt; es kann sich sehr wohl lohnen, das Schweigen zu durchbrechen. Doch auch wenn es keine solche Vertrauensperson gibt, kann jede depressive Frau den ersten Schritt zur Heilung selbst tun, indem sie sich bewußt macht, daß sie nicht allein ist, daß sie nicht abnormal und keine schlechte Mutter ist; daß sie Hilfe und Unterstützung benötigt und daß sie diese von ihrem Arzt oder einem Therapeuten erbitten kann. Vielleicht ist es hilfreich, daran zu erinnern, daß wir hier über Trauer reden und daß Trauer, die nicht verarbeitet wird, in Depression umschlagen kann. Die Trauer, die manche Frauen überwältigt, wenn ihre Kinder erwachsen werden und das Haus verlassen, kann bisherige Verluste und Anlässe für Trauer, die nicht verarbeitet wurden, wieder lebendig werden lassen. Sie wird dann zum »letzten Tropfen«, der eine solche größere Veränderung im Leben darstellt. Dies in einem therapeutischen Zusammenhang anzusprechen kann schmerzhaft sein, doch es ist die einzige Art, vorwärts zu kommen, oder, wie Brown und Harris es ausdrückten:

> Die Trauer zu verarbeiten ist ganz wesentlich. Nur durch diesen Prozeß lassen sich alternative Quellen von Werten finden, und nur so läßt sich Hoffnung wiederbeleben.

Der Verlust der Hoffnung, der ein so wesentliches Merkmal der Depression ist, wirkt auf die Seele zerstörerisch. Aber niemand muß damit leben. Es gibt Hilfe.

Schuldgefühl

»Schuld, dein Name ist Weib!« Und wenn in unserer Gesellschaft Frauen die Träger von Schuld sind, um wieviel mehr sind es dann die Mütter. Von allen Seiten werden uns Erwartungen aufgedrückt, wie eine gute Mutter zu handeln hat, und dennoch wird die Mutterschaft selbst herabgemindert und hat in unserer Kultur wenig Stellenwert. Wenn unsere Kinder ausziehen, können wir Schuld empfinden, daß wir diese Phase nicht mit unverhohlener Freude feiern; weil wir Kummer und Traurigkeit und vielleicht noch viel mehr fühlen; weil wir nicht drauf brennen, in die nächste Phase unseres Lebens einzutreten, und weil jedermann sonst das scheinbar schafft – und das ganz ohne Schuldgefühle! Wir empfinden ambivalent beim Auszug unserer Kinder. Barbara Ward erklärt es besonders klar in ihrem Buch *Healing Grief* (Trauer heilen):

> Oft entstammt Schuldgefühl der mißverstandenen Vorstellung, daß es falsch sei, alte Beziehungen loszulassen. Ich glaube, jede Beziehung, die wir haben, ist ein Lernprozeß. Sobald wir die Lektion gelernt haben, müssen wir die Beziehung vertiefen – neue Aspekte erforschen – oder weitergehen. Das heißt nicht, daß die Beziehung zu ihrer Zeit nicht wichtig war, doch es ist damit wie mit einem alten Kleidungsstück: Man wächst aus ihr heraus. Man hat nicht mehr die gleichen Dinge gemeinsam; das Leben hat sich in zwei verschiedene Richtungen bewegt.

Wir müssen lernen, die Beziehung zu unseren Kindern zu verändern, von der Beziehung mit dem Kind zu einer neuen mit einem jungen Erwachsenen. Das vorhergehende Abhängigkeitsverhältnis ist vorbei, und es ist sinnvoller, darüber nachzudenken, was wir aus diesem Teil unserer Mutterrolle gelernt haben, als uns wegen unserer Schwächen schuldig zu fühlen. Und da man von uns erwartet, gute Mütter zu sein, laden wir auch noch diese Last auf unsere Schultern. In dem Moment, in dem unsere Kinder aus dem Haus gehen, stürzen all unsere tatsächlichen oder vermeintlichen Fehler auf uns ein und die trivialsten Ereignisse erfüllen uns mit Schuldgefühl. Wir glauben, wir müssen sie mit Werten, Fähigkeiten und Überlebensstrategien ausgestattet in die Welt schicken, und neigen dazu, uns selbst dafür zu tadeln, daß wir es nicht richtig machen.

Barbara Ward faßt in *Healing Grief* Schuld lakonisch so zusammen:

> Schuldgefühle betreffen meist Ereignisse, die in der Vergangenheit stattgefunden haben oder manchmal auch in der Zukunft stattfinden könnten ... Beim »wenn doch nur« der Schuld geht es meist darum, daß wir nicht darauf vorbereitet sind, den Verlust zu akzeptieren.

Ich glaube, dies paßt sehr genau auf die Schuldgefühle, die gewöhnlich mit der Situation des leeren Nests einhergehen. In unserer Unfähigkeit, einen Verlust zu akzeptieren, wenden wir uns zurück und versuchen, die Vergangenheit wiederzubeleben und neu zu formen, um uns selbst in verdrehter Form mit dem Gedanken zu trösten, um wieviel besser wir alles machen würden, wenn wir nur die Gelegenheit dazu hätten. In Wahrheit schlagen wir jedoch nur uns selbst mit einem besonders harten Stock.

Angst

Die Szene ist plötzlich nicht mehr vertraut; Routinen und Muster der letzten 20 Jahre sind verschwunden. Wir müssen für uns selbst ein neues Gebiet abstecken, und es ist kaum verwunderlich, daß Angst dazugehört. Manche sehen der Aussicht auf Veränderung freudig und aufgeregt entgegen, andere eher besorgt und unsicher. In mancher Hinsicht finden sich hier Parallelen zum Anfang des Ganzen, jener Zeit, in der wir uns auf die Rolle als Mutter einließen und sich unser ganzes Leben änderte, wir Neuland betraten und sich alle vorherigen Rollen veränderten. Wir wußten nicht, was uns erwartete, was aus uns werden würde und wie wir damit fertig würden. Vorausgesetzt, die Elternrolle war geplant oder zumindest akzeptiert, so enthält sie etwas von Entscheidungsfreiheit. Doch nach den 20 oder mehr Jahren der Sorge für heranwachsende Kinder liegt das Resultat außerhalb unseres Zugriffs.

Für die Zwecke dieses Buches möchte ich diese Liste um den Punkt »Verwirrung« ergänzen. Trauerfälle sind ein anerkannter Teil unserer Kultur, und es gibt klar definierte Reaktionen und Schritte im Umgang damit. Der Frau, die trauert, wenn ihre Kinder ausziehen, fehlen derartige gesellschaftlich anerkannte Verhaltensmodelle. Und um wieviel schwerer ist es doch, um etwas zu trauern, von dem jeder sagt, daß es völlig natürlich sei! Ein Teil der Verwirrung beruht darauf, daß nicht jede Frau das leere Nest als schmerzhaft empfindet. Viele gehen ohne jede Anstrengung von diesem zum nächsten Lebensabschnitt über und lassen diejenigen, die trauern, in einem Zustand noch größerer Verwirrung zurück, verbunden mit Schuldgefühlen.

Was haben wir verloren?

Es ist relativ leicht, die spürbaren Aspekte der Abwesenheit unserer Kinder aufzulisten. Die Ruhe, die ungewöhnliche Sauberkeit, der Mangel an Gesellschaft von jungen Leuten, der Verlust ihrer Vitalität, ihrer Argumente und Diskussionen, ihrer lebhaften Gegenwart. Jugendliche sind anstrengend, oft fordernd, anmaßend, rebellisch und dickköpfig, doch viele Mütter finden gerade diese Zeit anregend und lohnend, wenngleich oft frustrierend. Immer wieder hörte ich, wie Frauen klagten, ihnen fehle das Poltern schwerer Schritte auf der Treppe, die laute Musik, selbst die Spuren von Zigarettenrauch. In unserem Haus ist dies als das »Doc Marten-Syndrom« bekannt. Alice Thomas Ellis sagt dazu:

> Ich habe das Haus immer für die Freunde meiner Kinder offengehalten. Als sie etwa 14 wurden und anfingen, sich schlecht zu benehmen, warfen ihre Eltern sie raus, und ich hatte sie hier. Die Leute kommen und gehen noch immer. Heutzutage ist es modern, daß Eltern allein gelassen werden, wenn die Kinder aus dem Haus sind. Furchtbar. Ich glaube an die Großfamilie.

Und wenn sie weg sind, wenn die Ruhe und die Endgültigkeit unübersehbar sind, verfolgt uns das Echo der Vergangenheit, spielt uns Streiche, und wir verlieren aus dem Blickfeld, wer wir sind. Unsere einst so klar definierte Rolle wird verschwommen, wir haben noch immer Kinder, doch die Art der Mutterrolle hat sich verändert, und ein erwachsenes Kind zu bemuttern ist so völlig anders als ein kleines. Und in dem Maße, wie die Fixpunkte verschwinden, blicken viele Frauen zurück und klammern sich an die Erinnerung, an das Vertraute und wollen verzweifelt dahin zurück.

> Normalerweise herrscht zu dieser Zeit im Haus geschäftiges Leben und Lärm, das Telefon klingelt, Musik spielt – und das Haus wirkt lebendig. Ich kann mich nicht daran gewöhnen, wie ruhig und leer es jetzt ist. Ich habe meine eigenen Interessen, doch eigentlich möchte ich nur Mutter sein und all die damit verbundenen Dinge tun – die Kinder von der Schule abholen, sie zu den Pfadfindern bringen und zur Musikstunde, zu ihren Geburtstagsfesten, mit ihren Freunden reden ... Jetzt fühle ich mich ohne Ziel.

Frauen, die so empfinden, drücken ein Gefühl der Entwurzelung aus, fühlen sich wie in einer fremden Umgebung, in der die vertrauten Markierungen, die ihrem Leben Form und Kontur gegeben haben, plötzlich fehlen. Sie wissen nicht, wo sie sind, und, was wichtiger ist, sie wissen nicht, wer sie sind.

Identitäten und Rollen

> Mir fehlen meine großen Kinder so sehr. Als ich meine jüngere Tochter in ihrer neuen Wohnung in London besuchte, brach ich in Tränen aus. Die plötzliche Nähe zu ihr löste einen Sturzbach an Emotionen aus, den ich nicht stoppen konnte. Mein Mann und meine Tochter waren verwirrt und verstanden nicht, was los war – ich wollte meine Tochter nur halten und ihr sagen, wie sehr ich sie vermisse. Sie frag-

> te mich, was los sei, doch ich fand keine Worte – ich wußte ja selbst nicht, was los war. Später wurde mir klar, daß es ihre neue Wohnung war. Sie wirkte dort so unabhängig, so zu Hause. Sie hatte sie selbst gefunden, selbst eingerichtet, all ihre Möbel waren neu, nichts mehr von ihrem alten Kram von zu Hause; es war mir alles so fremd, und in dem Moment begriff ich, daß ich nicht mehr wußte, worin meine Rolle als Mutter bestand.

Diese letzten Worte aus Teresas Brief enthalten für mich zumindest einen Teil der Art des Verlustes, wie er beim Leeres-Nest-Syndrom erlebt wird. In unserer Gesellschaft sind Rollen ein extrem wichtiger Teil der Struktur unseres Lebens. Anhand von Rollen definieren wir uns und fügen wir uns in jede unterschiedliche Facette unserer besonderen Lebensweise. Ich wage zu behaupten, daß die Mutterrolle uns stärker innewohnt als jede andere weibliche Rolle, da sie biologisch angelegt ist. Was für kulturelle und persönliche Faktoren auch immer Einfluß darauf haben, ob und wann wir Kinder haben – wir können die treibende Kraft unserer eigenen Biologie nicht leugnen. Im übertragenen Sinn ziehe ich jetzt den Kopf ein, denn ich höre schon den wütenden Aufschrei der Feministinnen. Doch ein großer Teil der Geschichten, die mir anvertraut wurden, stammt von Feministinnen, die dachten, ihnen würde das nie passieren, da ihre Mutterrolle nur eine gewählte Rolle von vielen sei.

Was diese Frauen verlieren, außer der Gesellschaft und Gegenwart ihrer Kinder, ist ihr Gefühl dafür, wer sie sind, ihre Rolle und ihre Identität. Dies ist ein komplexes Thema und wird von den Betroffenen selbst vielleicht am wenigsten verstanden, die sich wohl bewußt sein mögen, daß sie auch noch andere Rollen spielen. Wie es eine Frau ausdrückte:

> Ich bin eine Mutter, ja. Doch ich bin auch Partnerin, Freundin, Karrierefrau, Tochter, Schwester. Ich bin die feministische Stimme in unserer eher reaktionären Frauengruppe des Ortes. Ich bin die Oboistin in einem Orchester und eine der wenigen Altistinnen im Kirchenchor. Ich bin mir meiner

> verschiedenen Rollen bewußt – ich spüre, wie ich sie mit den unterschiedlichen Kleidern wechsle, die zu jeder dieser sehr verschiedenen Identitäten gehören. Wieso kann ich mich also so deplaziert fühlen? Meine Kinder zu betreuen ist die einzige dieser Identitäten, die mir real vorkommt, so als seien die anderen nur Lückenbüßer zum Zeitvertreib. Obwohl mein Leben so reich ist – wieso bin ich so leer? Warum ist die Lücke, die das Ende einer dieser Rollen zurückläßt, so riesig, daß alle anderen nicht imstande scheinen, sie zu schließen?

Ich halte das, was diese Frau sagt, für ungeheuer wichtig. Es enthält den Schlüssel zum Wesen der Rollen, bei denen es mehr darum geht, wer wir sind, als darum, was wir tun. Wenn eine Frau sich nicht eigentlich sicher ist, wer sie eigentlich *ist*, im Gegensatz zu dem, was sie *tut*, dann können noch so viele Aktivitäten oder Rollen die Lücke in ihrer Psyche nicht auffüllen, wo ihre einzige Gewißheit ihre Identität als Mutter ist. »Was ich *tue*«, sagte eine Frau, »ist: arbeiten als Tierarzt, meinen Mann bekochen und unterhalten, Donnerstag abends Squash spielen, ins Theater gehen, Freunde treffen. Doch wer ich *bin*, ist die Mutter von Jamie und Hannah.« Es ist eine eigenartige Spaltung, der Konflikt zwischen Sein und Tun, und er muß aufgelöst werden, damit Heilung und Fortschritt stattfinden können. Wir müssen darauf achten, wie wir uns vor uns selbst und vor der Gesellschaft definieren, denn für unsere Ganzheit ist wesentlich, daß unsere Selbstdefinition in Identitäten jenseits der Mutterrolle real und spürbar gültig sein sollte. Nur dann können wir die Mutterrolle in die vielen Bereiche einbauen, die uns zu den Frauen machen, die wir sind. Adrienne Rich formuliert es in *Of Woman Born* sehr schön:

> Die Mutterrolle im Sinne einer engen, beiderseitigen Beziehung zu einem bestimmten Kind oder Kindern ist ein Teil der weiblichen Entwicklung; sie ist keine Identität für die Ewigkeit. Die Hausfrau Mitte vierzig kann im Scherz sagen: »Ich komme mir vor wie arbeitslos.« Doch was sind wir in den Augen der Gesellschaft, wenn wir einmal Mütter wa-

> ren? Sind wir nicht immer Mütter? Der Prozeß des Loslassens – auch wenn wir getadelt werden, wenn wir es nicht tun – ist ein Akt der Auflehnung gegen den Kern der patriarchalischen Kultur. Doch es reicht nicht, unsere Kinder gehen zu lassen; wir brauchen auch eine eigene Identität, zu der wir zurückkehren können.

Tirril Harris, Co-Autorin des Buches *Social Origins of Depression*, mit der ich viele produktive Diskussionen über die Bedeutung des Leeres-Nest-Syndroms hatte, faßte das Wesen der Sache prägnant zusammen: »Wenn du ein leeres Selbst hast«, sagte sie, »hast du auch ein leeres Nest.«

Das ließ mich über den Begriff des Selbst in bezug auf Mutterrollen nachdenken, und mir fiel auf, wie oft in Zusammenhang damit das Wort »selbstlos« gebraucht wird. Selbstlose Mütter werden viel gerühmt; natürlich erwartet man das von ihnen. Doch was bedeutet das Wort eigentlich genau? Ohne Selbst – hier liegt der Schlüssel zu dem völligen Identitätsverlust, den viele Mütter erleben, wenn ihre Kinder aus dem Haus gehen. Ihr Selbst ist nicht in die vielen anderen Rollen eingebunden; es wurde völlig in ihre Kinder investiert.

In ihrem ausgezeichneten Buch *The Motherline* behandelt Naomi Ruth Lowinsky die Falle der Selbstlosigkeit. Mit Bezug auf den befreienden Einfluß von Betty Friedans *The Feminine Mystique*, das nach Lowinsky »die Frauen befähigte, die Grausamkeit des Anspruchs zu erkennen, daß Frauen selbstlos zu sein hätten«, bemerkt sie:

> Wir begannen zu verstehen, daß Leben, die nur gelebt wurden, um den Erwartungen anderer zu genügen, leer und bedeutungslos waren. Solche Leben beraubten uns unserer Identität und Richtung. Wie der Atem und die Lebenskraft einer Frau durch enge Korsetts eingeschnürt sein konnte, wurde unser wahres Selbst durch den psychologischen Gürtel eingeschnürt, den Virginia Woolf als »Engel im Haus« bezeichnet hat. Unter dem Druck der kulturellen Erwartungshaltung, daß wir, um Woolf zu paraphrasieren, besonders einfühlsam und liebenswürdig zu sein haben, daß

> wir uns täglich aufzuopfern haben, daß wir nie einen eigenen Gedanken oder Wunsch haben dürfen, wurde alles Originale, Kreative und Geistvolle in unserem Wesen abgetötet.

Ich möchte klarstellen, daß dies nicht für alle gilt, die unter dem leeren Nest leiden, denn es gibt immer Trauer und Schmerz, wenn Kinder aus dem Haus gehen, und viel davon ist eine natürliche, vorhersagbare Reaktion auf den Verlust. Erst wenn Frauen glauben, daß es für sie keine Zukunft gibt, sobald sie ihre Mutterrolle nicht mehr aktiv ausüben, tritt das Bild vom leeren Selbst zutage. Für Frauen ist dies eine Zeit des Übergangs, in der sie meist sehr verwundbar sind. Sie brauchen vielleicht eine Stütze für ihr Selbstvertrauen, wenn sie jetzt von einer sehr vertrauten Rolle in eine möglicherweise erschreckend und leer erscheinende Landschaft übertreten. Der folgende Bericht zeigt gut die Nüchternheit dieses Übergangs, verbunden mit dem allmählichen Begreifen, daß die sichere und vertraute Rolle einer neuen, anderen Identität Platz machen muß:

> Es ist schwer zu erklären, es ist, als ob du die letzten -zig Jahre dein ganzes Leben dem Wohl der anderen untergeordnet hast, und wenn du es zurückbekommst, weißt du nichts damit anzufangen. Unsicher, welche Rolle du nun spielen sollst, findest du dich mit einer Person wieder, die du nicht wirklich kennst. Ich habe früher immer abends gearbeitet, und daher wurde ich den ganzen Tag zu einer Fremden, die nicht wußte, was sie mit den Stunden bis zum Abend anfangen sollte, wenn die vertraute Person wieder zum Vorschein kommen und in der sicheren Nische, die sie gewohnt war, das tun würde, was sie mußte.
>
> Ich fuhr in dieser Zeit mit einem Bus in die Stadt und wanderte ziellos durch die Kaufhäuser. Sie sind unpersönlich, weißt du, kein Mensch achtet auf eine Frau mittleren Alters, die sich Badezimmereinrichtungen oder Teppiche ansieht, und sie haben so wenig Personal, daß du stundenlang herumwandern kannst, ehe du Aufmerksamkeit erregst. Ich ge-

wöhnte mir an, danach in die Cafeteria zu gehen, den geschmacklosen Kaffee zu trinken und eine Zigarette nach der nächsten zu rauchen, während ich mein Gehirn verzweifelt marterte, was um Himmels willen ich mit mir selbst anfangen sollte.

Oft kam ein Mann und setzte sich an den Nebentisch, und nachdem er mich mehrmals gesehen hatte, sprach er mich an. Das Übliche: das Wetter, der Kaffee, nur Smalltalk. Er war viel älter als ich, dem Aussehen nach ein einfacher Mann. Er arbeitete auf der nahegelegenen Baustelle eines neuen Einkaufszentrums nebenan und verflieste dort die Badezimmer-Schauräume. Er war ein netter, normaler Mensch, mit dem ich gut reden konnte – ich fühlte bei ihm nichts von dem Druck, der manchmal von fremden Männern ausgeht. Es zeigte sich, daß seine Frau jung gestorben war und ihm drei Kinder hinterlassen hatte, die er aufzog. Sie waren jetzt aus dem Haus, und seither konnte er mehr arbeiten und auch mehr Geld verdienen. Er hatte so eine positive Einstellung, daß ich mir dumm vorkam, weil ich den Auszug meiner Töchter so schwer nahm.

Schließlich erzählte ich ihm, warum ich immer dort saß. Sein einziger Kommentar war: »Zeit für Sie, nun Sie selbst zu werden!«

Ich selbst. Gott weiß, was für eine furchterregende Sache das war! Mutter seit dem 18. Lebensjahr, und nun mit 38 nicht mehr den ganzen Tag »Mutti«, sondern Dorinda.

6. Loslassen: Beziehun… erwachsenen Kindern

Die Mutter-Kind-Beziehung ist paradox und in gewi… se tragisch. Sie verlangt auf der Seite der Mutter intensi… be, doch diese muß dem Kind helfen, der Mutter zu entwa… sen und völlig selbständig zu werden.

Erich Fromm

Beim leeren Nest geht es um mehr als eine Art von Veränderung, eine Art von Verlust: Es repräsentiert auch die unvermeidbare Verschiebung in der Beziehung zwischen Eltern und ihren erwachsenen Kindern. Unsere Kinder müssen sich von uns abnabeln, um zu werden, wofür sie bestimmt sind, und dieser Prozeß beginnt in ihrer Teenagerzeit, oft in Form von Trotz, Rebellion und scheinbarer Ablehnung der Werte und Standards, die wir ihnen vermittelt haben. Für viele Eltern ist dies eine schwierige und verwirrende Zeit, da Teenager sich scheinbar in Monster verwandeln und nicht mehr als die Kinder, die wir zu kennen glaubten, erkennbar sind. Die meisten von uns kennen zugeknallte Türen, das Verbringen von Stunden im eigenen Zimmer anstatt mit der Familie, die Streitgespräche, das verdrossene Schweigen und den Zusammenbruch der Kommunikation, wenn Sprache ein völlig unangemessenes Mittel zur Kontaktaufnahme mit diesen Fremden zu sein scheint. Eltern wissen, daß sie als Dinosaurier ohne wertvolle Ansichten betrachtet werden, und viele sind deswegen recht niedergeschlagen. Der Kampf der jungen Leute um Selbstbehauptung kann viele Formen annehmen, und sie hängen großteils von der Erziehung und den Ansichten und Gefühlen ihrer Eltern ab. Zum Beispiel war eine sehr konventionelle Freundin von mir zutiefst getroffen, als ihre Tochter ihre

det herumlief. Da ich
nir diese unorthodoxe
einer Kinder je, mich
ozieren. Das wäre für
ie fanden andere We-

utung der Suche nach
nnen letztlich hilft, ihr
lternrolle dabei ist so-
erseits müssen wir zu-
eigene Lebensweise
en, denn sie bedürfen
derartige Vorstellung
se Ablehnung liegt in
der Natur der Trennung von uns. In dieser Phase ist unser Einfluß und der von Lehrern und anderen Erwachsenen ein entscheidender Faktor dafür, welche Werte sie annehmen und für die Zukunft einbauen und welche sie verachten und ablehnen werden. Die meisten Eltern haben klare Vorstellungen von Richtig und Falsch, und oft stehen diese im Widerspruch zu denen unserer halbwüchsigen Kinder. Weitere Streitpunkte können Sex, Drogen, Ausgehen (wohin, mit wem und wie lange?), äußeres Erscheinungsbild, Benehmen, Schulnoten und Freunde sein.

Was hat das mit dem leeren Nest zu tun? Ganz einfach: Die Qualität der Beziehung zwischen Eltern und Kindern in dieser Phase kann die Grundlage für jene Zeit legen, in der die Kinder ausziehen. Der Versuch, mit Teenagern in dieser Phase Kontakt zu bekommen, kann Bindungen erzeugen, die die körperliche und räumliche Trennung überstehen.

Ich sprach mit Hugh Jenkins, dem Leiter des Instituts für Familientherapie, einem sehr klugen Mann. Er schlug für eine erfolgreiche Eltern-Teenager-Beziehung folgendes vor:

> Sorgen Sie dafür, daß Sie nicht bis zur Aufgabe Ihres eigenen Lebens in das Leben Ihrer Kinder eingebunden werden; Sie sind gleichzeitig eigene Person und Mutter. Das ist für

die Kinder ebenso wichtig wie für Sie. Sie müssen sehen, daß Sie ein eigenes Leben führen, egal ob das Arbeit oder Hobbies betrifft.

Interessieren Sie sich für die Dinge, mit denen Ihre Kinder zu tun haben, auch wenn sie nicht Ihrem persönlichen Geschmack entsprechen. Hören Sie ihre Musik (nicht ständig!) und sehen Sie einige ihrer Lieblingssendungen – Hugh Jenkins sagt, daß er dadurch auf die Serie Eastenders fast süchtig wurde. Das sorgt für Berührungspunkte und ebnet den Weg für gemeinsame Interessen in der künftigen Erwachsenenbeziehung.

Hören Sie Ihren Kindern zu. Kommunikation ist äußerst wichtig. Machen Sie sich klar, daß die Erlebnisse, von denen sie ihnen berichten, möglicherweise radikal von Ihren eigenen Erlebnissen im selben Alter abweichen. Jede Elterngeneration hat mit Nachwuchs zu tun, der in eine andere Welt hineingeboren wird – Hugh Jenkins sagt, er habe es aus zuverlässiger Quelle, daß der Generationskonflikt mindestens siebeneinhalbtausend Jahre alt ist! Doch wir können versuchen ihn beizulegen, indem wir geistig offen sind und keine Mißbilligung der Lebensweise unserer Kinder zeigen.

Wenn Kinder größer werden, verschiebt sich, was Eltern tun oder nicht tun können. Es gibt einen Punkt, an dem Sie nicht danach streben können und sollten, Ihre Kinder zu beeinflussen, selbst dann nicht, wenn Sie sehen, daß sie Fehler machen.

In Gesprächen mit Leuten, die diese Phase durchmachen oder schon hinter sich haben, wurde deutlich, daß die beiden letzten Punkte die größten Schwierigkeiten bereiteten – der Lebensweise der Kinder geistig offen gegenüberzustehen und sich zurückzunehmen. Der erste ist, wie Hugh Jenkins betont, die Folge davon, daß unsere Kinder in eine andere Welt hineingeboren wurden, mit anderen Werten und unvertrauten Sitten. Was ist, wenn sie rauchen? Was ist mit Alkohol? Und Sex? Hier einige zufällig ausgewählte Berichte:

Ich weiß, daß ich im Unrecht war, aber als meine siebzehnjährige Tochter fragte, ob ihr Freund bei ihr übernachten dürfe, drehte ich durch. Ich ertrug den Gedanken nicht, daß sie unter meinem Dach mit ihm schlief, obwohl ich wußte, daß sie es auf dem Rücksitz des Autos tat. Sie ist heute 21 und spricht nie mit mir über Sex, und ich denke immer wieder, daß es heute eine Brücke zwischen uns geben würde, wenn ich damals fähig gewesen wäre, zu akzeptieren, was sie tat. Doch damals konnte ich nicht anders. Im nachhinein ist es immer leicht, klug zu sein.

Sie mögen das für trivial halten, doch mein Sohn ist im zweiten Semester an der Universität und den Jungen Konservativen beigetreten. Wir sind seit jeher Sozialisten, und ich kann das überhaupt nicht begreifen. Zu meinem Erstaunen sagt er, daß ziemlich viele Studenten Tories sind – ich gebe dem Thatcherismus die Schuld. Ich weiß nicht, wie ich mit ihm darüber reden soll. Wie kann ich an etwas Interesse zeigen, daß ich für grundsätzlich böse halte, und das tue ich, auch wenn das ein starkes Wort ist? Er kennt das Ausmaß unserer Mißbilligung, und ich fürchte, das treibt einen Keil zwischen uns.

Ich wurde sehr konventionell und konservativ erzogen, äußere Erscheinung war alles, und eine Menge davon färbte auf mich ab. Meine Töchter waren immer sauber und ordentlich gekleidet, als sie Kinder waren, und ihr Haar war stets gut geschnitten und gekämmt. Als meine ältere Tochter 15 war, wurde sie ein Punk. Sie färbte ihre Haare grün, trug einen Irokesenschnitt und Ringe in der Nase, jede Menge. Ich weigerte mich, mit ihr aus dem Haus zu gehen, und es war mir peinlich, wenn wir Besuch hatten. Dann sagte mir eine Freundin: »Wenn du nicht aufpaßt, verlierst du sie. Sie versucht nur, eine Art von Identität zu entwickeln, und sie sind in diesem Alter so unsicher.« Mir wurde klar, daß sie recht hatte – und was sollte dieser ständige Krach wegen etwas relativ Unwichtigem wie äußerer Erscheinung? Sie war ein liebenswertes, sanftmütiges Mädchen und gut in der

> Schule. Also versuchte ich, so schwer es mir fiel, dies als vorübergehende Phase zu akzeptieren. Es war nicht leicht, doch es half. Ich konnte sogar Witze darüber machen, indem ich Dinge sagte wie: »Und welche Farbe wird es diese Woche – lila oder rosa?« Inzwischen ist sie 25 und so konventionell gekleidet, wie ich immer war!

Hugh Jenkins' Punkt, zurückzutreten und nicht zu viel Verantwortung für die Handlungen und Entscheidungen unserer Kinder zu übernehmen, war der zweite Faktor, der den meisten Eltern Probleme bereitete. Er enthält Dilemmas wie: ihnen das Auto leihen (Kann man sich darauf verlassen, daß sie vorsichtig fahren? Sich nicht betrinken? Nicht damit angeben?); wegen ihrer Freunde besorgt sein (Sie ist in schlechter Gesellschaft, ich fürchte, die hängen sie an die Nadel); ihre Entscheidungen über Leistungsfächer und den künftigen Beruf akzeptieren (Physik schafft er nie, er hätte Chemie wählen sollen. Sie hat sich für einen Studienplatz für Psychologie beworben, dabei interessiert sie sich doch gar nicht für die menschliche Natur. Er will nicht studieren, sondern sich eine Arbeit suchen – damit macht er einen schrecklichen Fehler!) und ihre Beziehungen (Sie heiratet einen Querschnittsgelähmten – ich weiß genau, das geht schief, aber das kann man ihnen ja nicht sagen, nicht wahr, denn sie würden nicht darauf hören. Seine Freundin ist eiskalt – ich weiß, sie wird ihm das Herz brechen).
Manche Eltern sind beneidenswert in ihrer Fähigkeit, dem Nachwuchs zu ermöglichen, sich frei zu entfalten. Diese Eltern haben wenige oder keine Erwartungshaltungen. Auf der anderen Seite kann es aber auch zu viel Freizügigkeit geben. Teenager brauchen Grenzen – wir müssen zwar zurücktreten, doch sie brauchen uns auch, damit wir ihnen helfen, Grenzen zu entwickeln, ohne die ihre Welt aus den Fugen geraten kann, chaotisch und furchterregend unsicher wird.
Und so suchen wir unseren Weg durch das Minenfeld dieser Jahre und fragen uns, ob wir unseren Kindern jemals wieder ohne Konfrontation begegnen können – und dann, wunderba-

rerweise, meist irgendwann zwischen 17 und 19, verändern sie sich. Sie treten in eine andere Phase ein, werden selbstsicherer, noch nicht erwachsen, doch mit deutlichen Anzeichen des bevorstehenden Erwachsenseins. Sie werden vernünftig. Sie kümmern sich scheinbar um uns und ihre Familie, sie bemerken, daß es um sie herum eine Welt gibt, in der sich nicht ständig alles um sie und ihre Freunde dreht. Sie werden unsere Freunde, und gerade dann, wenn wir die Früchte unserer Bemühungen zu genießen beginnen, ist es Zeit für sie zu gehen. Unsere Arbeit ist getan, der letzte und schwierigste Teil liegt hinter uns, und es ist verzeihlich, daß wir bedauern, daß wir gerade jetzt den täglichen Kontakt mit unseren frisch erwachsenen Kindern verlieren müssen.

Und so kehren wir in ein kinderloses Haus zurück oder in eines, in dem sich die Positionen verschoben haben, indem andere Kinder einen Platz hinaufrücken, und wir spielen die wichtige, komplexe und manchmal schmerzhafte Rolle als Eltern eines erwachsenen Kindes. Dieses Kind ist zunächst eine Mischung aus Unsicherheit und Vertrauen in seine neuerworbene Unabhängigkeit und sein Erwachsensein. Die Ungewißheit wird es vermutlich nicht zugeben, daher erhalten Eltern leicht gemischte Botschaften. Einerseits erzählen uns diese jungen Erwachsenen, daß sie jetzt ihr Leben in die eigenen Hände nehmen, andererseits brauchen sie noch unser erworbenes Wissen und unsere Erfahrung. In dieser Phase ist die Beziehung ein schwieriger Balanceakt, und es ist sehr leicht, alles falsch zu machen. Sie lehnen wahrscheinlich alles ab, was sie als Einmischung deuten, und die bestgemeinten elterlichen Ratschläge können zu Mißverständnissen führen. Die Beziehung unterliegt in dieser Phase einem oft sehr raschen Wandel, und das macht sie unvorhersehbar.

Eine Ursache für Meinungsverschiedenheiten und Mißverständnisse kann die Erwartungshaltung der Eltern sein. Die offenkundigen Erwartungen lassen sich leicht identifizieren – daß sich die Kinder anstrengen und Mühe geben sollen, sei es im Studium, sei es im Beruf. Doch es gibt subtilere Erwartungen, die uns meist nicht bewußt sind, und diese betreffen die

Art der Trennung. Wir dürfen einige Dinge annehmen – daß die Kinder regelmäßig anrufen, daß sie uns besuchen, wenn sie können, daß sie mit uns ebenso sehr in Kontakt bleiben wollen wie wir mit ihnen. Doch so funktioniert es nicht immer. Sehr oft rühren sie sich zunächst sehr häufig. Sie sind noch nicht völlig in ihr neues Leben integriert, und die Verbindungen mit zu Hause sind tröstend und nötig. Doch gerade dann, wenn wir uns darüber freuen, daß wir trotz des Auszugs viele Briefe, Anrufe und Besuche erhalten, kann sich das Muster verändern. Sie sind zum Briefeschreiben zu beschäftigt. Sie brauchen keine häufigen Anrufe. Sie bleiben vielleicht in den Ferien am Studienort. Alles, was uns als Sicherheit erschien – der Kontakt, das Wiedersehen in den Ferien –, kann verschwinden. Eltern fühlen sich jetzt leicht zurückgestoßen, besonders dann, wenn die Kinder scheinbar auch das Interesse an den Angelegenheiten des Elternhauses verlieren.
Sie gewöhnen sich vielleicht an die seltener gewordenen Anrufe und trösten sich mit dem Gedanken, daß ja bald Ferien sind. Dann rufen die Kinder an und erklären, daß sie nicht nach Hause kommen, daß sie mit Freunden wegfahren, an ihrem Studienort arbeiten wollen oder ins Ausland reisen. Und während all das geschieht, können Sie gute Freunde haben, deren Kinder scheinbar täglich anrufen oder an mehreren Wochenenden im Semester nach Hause kommen oder stets in den Ferien erscheinen.
Wir sollten uns klar machen, daß es unser Verdienst ist, wenn unsere Kinder ausziehen und mit ihrem neuen Leben glücklich sind. Nur Kinder, die sich sicher fühlen, können auf diese Weise ausziehen, denn nur sie wissen, daß das Zuhause und die Eltern immer da sind, unverändert – egal, wie lange sie wegbleiben oder wie oft sie vergessen haben anzurufen oder zu schreiben. Es ist die beste Gabe, die wir ihnen mitgeben konnten, die Sicherheit, loszuziehen und sich in ein aufregendes neues Leben zu stürzen. Wie sehr wir sie auch vermissen, wir sollten uns freuen, daß sie das Leben so sehr genießen.
Das Geheimnis besteht offenbar darin, überhaupt keine Erwartungen zu haben. Die Elternrolle muß in dieser Phase ein

Prozeß sein, in den man nicht eingreifen darf, doch es ist nicht leicht, das auf Anhieb richtig zu machen, und die Tatsache, daß junge Leute dieses Alters die Fehler ihrer Eltern nur schwer vergeben können, macht es nicht gerade leichter. Sie erwarten von uns, daß wir alles richtig machen, und können recht herbe Kritik üben, wenn uns das nicht gelingt. Das kann in einer Frau, der es sehr wichtig ist, alles richtig zu machen, Schuldgefühle und das Gefühl, eine schlechte Mutter zu sein, hervorrufen. Ich meine, wir sollten beherzigen, was Naomi Ruth Lowinsky in *The Motherline* schreibt:

> In Wahrheit zwingen uns unsere eigenen menschlichen Grenzen dazu, unsere Kinder zu enttäuschen. Wir sind Mütter, und wir sind Menschen; wir werden stets unsere eigenen Bedürfnisse gegen die anderer abwägen. Wir machen ganz gewiß Fehler, wenn es um ein Zuviel oder ein Zuwenig an Kontrolle, Disziplin, Liebe, Unterstützung, Aufmerksamkeit, Geld geht. Wir sind dazu verdammt, gerade die zu enttäuschen, die wir am meisten lieben.

Sobald wir akzeptieren, daß wir Fehler machen und daraus lernen können, kommen wir mit der Aufgabe, eine »ganz gute Mutter« zu sein, wie es der Psychologe Donald Winnicott formulierte, ein gutes Stück weiter.

Das Versagen der Eltern ist noch aus einem anderen Grund wichtig. Wie Dorothy Rowe in ihrem Buch *Breaking the Bonds* bemerkt, müssen wir unsere Kinder enttäuschen, sogar so weit, daß sie sich bereits als ganz kleine Kinder abgelehnt und hintergangen fühlen. Wenn wir sie nicht enttäuschen, wenn wir all ihre Bedürfnisse erfüllen, würden sie nicht aufwachsen und sich entwickeln oder selbst die Welt entdecken, und sie würden nicht all jene Fähigkeiten erwerben, die für den Umgang mit der Welt erforderlich sind. Und Konflikte sind notwendig:

> Was wir brauchen, sind nicht perfekte Eltern, sondern Eltern, über die wir hinauswachsen können, so daß wir zu ihnen als Freunde, Erwachsene und Gleichberechtigte

> zurückkehren können. Dazu müssen wir eine Phase der Rebellion gegen unsere Eltern durchmachen, nicht nur in Teenager-Art Dinge tun, die unsere Eltern ablehnen, sondern indem wir unsere Kindheit sehr genau betrachten, aus zwei Blickwinkeln, dem des Kindes, das wir einmal waren, und dem des Erwachsenen, der wir heute sind ... Aus solch einem Rückblick heraus können wir unsere Eltern als die ganz normalen Leute betrachten, die sie waren, und als die Art Leute, die sie wurden, denn als erwachsene Kinder neigen wir dazu, unsere Eltern weiterhin in der gleichen Weise zu betrachten und behandeln, wie wir das als kleine Kinder taten. In einer solchen Entdeckung könnten wir auch Vergebung finden.

Wir müssen uns auch von der riesigen Last an Schuld befreien, die uns von einer Gesellschaft auferlegt wird, die von uns fordert, daß wir unsere Kinder gehen lassen, ohne zu klammern, ohne zu weinen, ohne überhaupt irgend etwas zu fühlen. In einem Kapitel in *The Motherline*, das *Wrestling with the Mother* (Ringkampf mit der Mutter) heißt, beschreibt Naomi Ruth Lowinsky treffend diesen Konflikt, der ein Teil des Abnabelungs- oder »Individuations«-Prozesses ist, und bemerkt, daß dieser Ringkampf nicht zur »offiziellen Lehrmeinung« darüber paßt, wie wir als Mütter zu sein hätten.

> Wir sollten unsere Kinder nicht »brauchen«; wir sollten nicht in unseren Kindern aufgehen; wir sollten unsere verwirrten Gefühle nicht über die gesamte Entwicklung unserer Kinder ergießen. Wir sollten sie zu selbständigen Wesen erziehen. Wir sollten feste Grenzen haben, stets wissen, was sie sind und was wir sind, und niemals unsere persönlichen Wünsche in ihr Leben projizieren. Die Heftigkeit mütterlicher Gefühle ist in unserer Kultur tabu, da sie unsere kulturelle heilige Kuh bedroht: Individualität.

Und dennoch müssen wir sie loslassen, denn wir leben in einer Kultur, in der unsere Kinder nun einmal aus dem Haus gehen, und wir tragen die Verantwortung dafür, daß sie das ge-

fahrlos tun können. Das Geheimnis des sanften Übergangs in diese Phase ist wahrscheinlich eine Offenheit für Veränderungen gleich in welcher Form – und die schwierigste Veränderung in diesem Zusammenhang ist unsere Fähigkeit loszulassen. Dies ist ein Akt des Glaubens und Vertrauens; es bedeutet zu akzeptieren, daß unsere erwachsenen Kinder Dinge tun dürfen, die uns Sorgen bereiten, doch wenn wir sie ihren eigenen Weg finden lassen, respektieren sie uns.
Vielleicht hilft es uns, wenn wir die Bedeutung des Loslassens für Mutter und Kind verstehen. Unsere erwachsenen Kinder schreien auf, um als solche anerkannt zu werden, und wir müssen lernen, die Bedeutung der Mutterrolle neu zu definieren. Hierzu Hugh Jenkins vom Institut für Familientherapie:

> Wonach Eltern streben sollten, ist das Aushandeln einer ausgewogenen Beziehung, in der Eltern Kinder ihre eigenen Fehler machen lassen. Der Prozeß, in dem Kinder aus dem Haus gehen, sollte reziprok sein. Kinder müssen wissen, daß ihre Eltern ein eigenes Leben und eigene Aktivitäten haben – daß sie selbst für das Überleben ihrer Eltern nicht nötig sind. Wenn von den Eltern die Botschaft kommt, daß es irgendwie nicht sicher ist zu gehen, gibt es offenbar ein Problem mit dem Loslassen. Kinder können dadurch belastet werden und sind dann unfähig, sich frei zu fühlen, ihr eigenes Leben zu leben.

Das Kind, das ohne diese Last auszieht und ein neues Leben beginnt, beweist, daß wir unsere Sache gut gemacht haben, wenngleich manchmal der Preis für diesen Erfolg Schmerz sein kann. Belastet es unsere Kinder, wenn wir ihnen sagen, wie wir uns fühlen? Ich glaube, daß es natürlich und verständlich ist, »Ich vermisse dich« zu sagen, solange damit keine verborgene Botschaft verbunden ist. Kinder finden sehr rasch Schuldauslöser bei ihren Eltern. Die Art der Kommunikation, die wir mit unseren Kindern pflegen, ist überaus wichtig. Wir können uns nicht verstellen – sie würden es merken. Diese Tatsache schreit nach einer Art Ehrlichkeit, die uns nicht immer leicht fällt, denn sie bedeutet, daß wir unsere Fehler

zugeben; und das ist ein wesentlicher Teil der neuen Beziehung unter Erwachsenen.
Es bedeutet anzuerkennen, daß unsere Kinder Ansichten haben, die es wert sind, sie anzuhören; daß sie auf manchen Gebieten mehr Wissen als wir besitzen, denn sie erleben die Welt anders als wir. Vielleicht sind die wichtigsten Elemente dieser neuen, gleichberechtigten Beziehung Respekt und Vertrauen auf beiden Seiten. Wir müssen die Annahme vermeiden, daß wir aufgrund unserer größeren Erfahrung immer die Antworten kennen. Wir müssen respektieren, daß die Antworten unserer Kinder sich von unseren unterscheiden und dabei ebenso gültig sein können. Der Standpunkt »Ich weiß das am besten, denn ich bin erwachsen, und du mußt noch viel lernen« entfremdet uns unausweichlich von jungen Leuten in dieser Phase.
Doch auch sie müssen lernen, uns zu respektieren. Ein Teil des Erwachsenseins umfaßt den Eintritt in die Welt der Erwachsenen, deren Ideen, Werte und Meinungen man vorher verspottet haben mag. Dieser Aufbau einer Beziehung ist ein beidseitiger Prozeß. Eltern wie Kinder müssen lernen zu vertrauen, anzuerkennen, daß Fehler nicht Versagen bedeuten, sondern ein natürlicher Teil jeder lebendigen Beziehung sind. Und beide müssen fähig sein zu sagen: »Ich habe mich geirrt – entschuldige bitte«, und zu vergeben, wenn der andere einen Fehler gemacht hat, ohne ein Gefühl des Triumphs oder der Selbstgefälligkeit. Liebe bedeutet nun einmal, bereit zu sein, sich zu entschuldigen.

Die Bedeutung der Gleichaltrigen

Es gibt noch eine wichtige Entwicklungsphase in dieser Zeit. Zu Beginn ihres eigenen Lebens treffen unsere Kinder auf neue Menschen, schließen neue Freundschaften, in der Universität, am Arbeitsplatz, im sozialen Bereich. Dies sind die ersten Freunde, die nicht mit dem Elternhaus zusammenhängen, und sie bilden eine machtvoll starke Gruppe. Sie sind alle in der gleichen Situation, nämlich damit befaßt, sich auf die eigenen Füße zu stellen, und sie benötigen einander dabei mehr als uns. Diese Bindungen unter Gleichaltrigen (Peer-Group) scheinen möglicherweise eine Zeitlang stärker zu sein als Familienbande, und für uns ist es wichtig zu wissen, daß dies ein normaler Prozeß ist und keine Ablehnung von uns. Die Clique hat jetzt mehr Bedeutung für das Leben unserer Kinder, doch sie ersetzt uns in keiner Weise. Eine Frau, die eine schwierige Lektion über das Loslassen zu lernen hatte, formulierte es so:

> Es schwer zu finden, wenn unsere Kinder ausziehen, kann darauf hinweisen daß wir hinsichtlich unserer Kinder und ihrer Zukunft kurzsichtig waren, daß wir sie nicht auf die Unabhängigkeit vorbereitet haben, daß wir die Kluft der Jahre und Erfahrung nicht anerkennen, die uns trennen, nicht sehen, wie wichtig es für sie ist, ihren eigenen Weg zu finden, besonders durch die Hilfe Gleichaltriger.

Es gibt noch einen Aspekt der zunehmenden Unabhängigkeit und der Entwicklung einer eigenen individuellen Lebensweise: Es kann schwierig werden, wenn die Kinder wieder zu Hause wohnen müssen. Sohn und Tochter einer Freundin, die beide kurz vor dem Studienabschluß stehen, würden gerne wieder zu Hause wohnen, um Geld zu sparen. »Ich muß zugeben«, sagte diese Mutter, »daß ich darüber überhaupt nicht glücklich bin. So sehr ich mich freue, sie zu sehen, sie haben jetzt ihre eigene Lebensweise, und wir haben unsere, und ich sehe schon die Fetzen fliegen.«

Auch dies gehört dazu, wenn Kinder aus dem Haus gehen. Meine eigenen Töchter erklären, sie kommen mit unserem ungeheizten Haus im Winter nicht klar, obgleich sie darin glücklich aufwuchsen. Nun ist dies mein Haus und meine Lebensform, und die Entschuldigung für Mängel schlucke ich hinunter! Ich erkläre ihnen nur, sie sollten aufhören, sich anzuziehen wie für ein Sommerfest, und verteile Wärmflaschen. Konflikte dieser Art sind jedoch gesund. Sie sind ein weiterer Beleg dafür, daß die Form der Trennung richtig war, und bald wird das Elternhaus wieder ein erstrebenswerter Ort sein, an dem sie gern etwas Zeit verbringen.

Mütter und Töchter

Ganze Bücher wurden über die endlos komplexe Mutter-Tochter-Beziehung verfaßt, und ich kann ihr hier nicht gerecht werden. Ich finde jedoch, daß ich sie zumindest ansprechen sollte, denn Abgrenzung und Loslösung sind um so viel heftiger als bei Müttern und Söhnen. Frauen neigen dazu, in ihren Töchtern sich selbst wiederzuerkennen, wenn auch unbewußt, während Töchter darum kämpfen, ihre eigene Weiblichkeit so weit entfernt wie möglich von der ihrer Mütter anzusiedeln. Naomi Ruth Lowinsky beschreibt diesen Prozeß in ihrem ausgezeichneten Buch *The Motherline* im Kapitel *Wrestling with the Mother* sehr verständnisvoll.

> Viele Mütter identifizieren sich so stark mit ihren Töchtern, daß sie mit allen Unterschieden nur sehr schwer umgehen können, während die Töchter machtvoll darauf beharren, völlig anders als ihre Mütter zu sein.

Und Adrienne Rich erfaßt in *Of Woman Born* wunderbar den Kampf gegen die Symbiose, in den Mütter und Töchter verstrickt sind:

> In der menschlichen Natur schwingen nirgends so viele Belastungen mit wie im Energiefluß zwischen zwei biologisch gleichen Körpern, von denen einer in Fruchtwasser gebettet im andern lag und der andere in Wehen den einen geboren hat. Alle Elemente für zutiefst empfundene Gemeinsamkeit und äußerst schmerzhafte Entfremdung liegen bereit.

Janet erzählte mir von ihrem Verhältnis zu ihrer Tochter. Melanie ist Musikerin, Cellistin, und als sie etwa 14 war, war Janet überzeugt, daß Melanie es bis ganz nach oben schaffen werde. Sie selbst wollte immer Musikerin sein und hatte alle Anzeichen von Talent in ihren Kindern gepflegt:

> Melanie fing sehr gut an, spielte im regionalen Jugendorchester und im Schulorchester. Ich trieb sie an, ich war mir dessen bewußt, aber ich war fast wahnsinnig. Es war für mich so wichtig, daß sie Erfolg hatte. Sie war sehr gefügig, und es schien ihr nicht viel auszumachen, wie viele Stunden ich sie üben ließ. Ich glühte. Dann machte sie ihre Eignungsprüfung. Sie war recht gut, aber in Musik schaffte sie nur einen B-Grad. Ich war wütend. Ich schrie sie an und ließ sie ein Jahr später nochmal zu dieser Prüfung antreten. Sie bekam ein A. In ihrer Schule sagten sie, sie sei recht talentiert und könnte auf der Universität Musik studieren, doch das reichte mir nicht. Ich wollte, daß sie aufs Royal College ging, nicht mehr und nicht weniger. Während ihrer letzten beiden Schuljahre arbeitete sie wie verrückt und steigerte sich so sehr, daß ihre Lehrer meinten, sie hätte die Chance, aufgenommen zu werden. Sie veränderte sich, wurde mürrisch und still, doch ich dachte, es sei der Druck der Leistungskurse und des Übens und das sei bei allen anderen genauso. Ich merkte nicht, daß wir uns sehr stark entfremdeten, so beschäftigt war ich mit ihrer Leistung. Sie kam aufs Royal College. Und sie ging nach einer Woche wieder.
>
> Sie schrieb mir einen Brief, in dem sie mir schrieb, ich habe ihr die Musik verdorben, sie habe sie nie als Karriere gewollt, sondern ich habe sie angetrieben. »Seit ich mich erinnern kann«, schrieb sie, »warst du da und hast mein Leben für mich geführt. Ich war zu schwach, um gegen dich aufzustehen, und außerdem wußte ich nicht, daß es nicht das war, was ich wollte. Heute sehe ich, daß du nur all das aus mir machen wolltest, was dir selbst nicht gelungen ist. Ich bin nicht wie du. Ich lerne nun, ich selbst zu sein, und ich glaube, was auch immer das ist, es ist wahrscheinlich sehr anders als das, was du wolltest.« Sie lebt jetzt in einem besetzten Haus, und ich habe noch nicht einmal ihre Adres-

> se. Ich mache mir ständig Sorgen um sie, Tag und Nacht, und weiß nicht, was ich tun soll.

Janets Geschichte ist ein Extrem des Mutter-Tochter-Konflikts, und es gibt klar erkennbare Gründe für das Scheitern der Beziehung. Dennoch kann Janet nicht begreifen, warum sie und ihre Tochter einander entfremdet wurden. »Ich wollte doch nur ihr Bestes«, sagt sie, ein Klischee, das vielen Eltern vertraut und auch ganz ehrlich gemeint ist. Doch dazu, daß man Kinder zu dem heranwachsen läßt, was sie eigentlich sind, gehört auch zu akzeptieren, daß unsere Ideale nicht notwendig auch ihre Ideale sein müssen und daß ihre Werte und Normen scheinbar weit von unseren abweichen können.
Manchmal wendet sich eine Tochter aus keinem erkennbaren Grund von ihrer Mutter ab und löst damit große Qualen aus. In einer *Wahren Geschichte* im *Guardian* (»Die verlassene Großmutter«, 1. 7. 1992) beschrieb eine Mutter ihren Schmerz, als ihre 29jährige Tochter sie plötzlich ablehnte. Dazu kam es ohne jede Vorwarnung, als ihre Tochter mit dem ersten Enkelkind der Schreiberin schwanger wurde. »Sie hat mir nicht gesagt, warum sie plötzlich so kühl und sogar ausfallend wurde«, schreibt diese Frau, und sie kann nur darüber spekulieren, wo sie etwas falsch gemacht hat und was genau ihre Tochter ihr vorwirft. Es braucht auch keinen konkreten Anlaß gegeben zu haben; in manchen Mutter-Tochter-Beziehungen ist der Kampf um die Individuation besonders hart.
In ihrer Antwort auf diesen Artikel bemerkt die weise Psychologin Dorothy Rowe:

> Mütter haben in ihren erwachsenen Töchtern schon immer Zorn und Ablehnung provoziert, während die erwachsenen Töchter bei ihren Müttern schon immer Angst und Schuldgefühle provoziert haben. (The Guardian, 14. 7. 1992)

Ich fürchte, die meisten von uns waren schon einmal in dieser Situation. Wahrscheinlich kennen wir alle Frauen mit scheinbar idealen Beziehungen zu ihren gerade erwachsenen Töchtern, doch sie sind nicht notwendig zu beneiden. Der Kampf

um die Selbstbehauptung muß früher oder später stattfinden, und wenn er später kommt, ist er unvergleichlich viel schmerzhafter.
Naomi Ruth Lowinsky sagt in *The Motherline*, daß Töchter im Erwachsenenalter sich meist nicht von ihren Müttern distanzieren, doch

> eine fortgesetzte Beziehung bedeutet noch lange nicht Frieden und Harmonie. Viele Frauen haben schmerzhafte und flüchtige Beziehungen zu ihren Müttern und Töchtern. Als ich über die Frauen nachdachte, die ich kenne, drängte sich das Bild des Ringkampfes zur Beschreibung des Differenzierungsprozesses auf. In meinem Bild steht jede Frau auf ihren beiden Füßen, voll im Kampf um Identität, Raum und Macht. Wenn der Dialog der Pubertät zu Beginn des Erwachsenenalters neu aufflackert, wird er zum Kampf um eine Neuaushandlung einer intimen Beziehung.

Da wir biologisch nach demselben Bild geschaffen sind, ist es äußerst wichtig, das Bedürfnis unserer Töchter nach ihrer eigenen Individualität anzuerkennen und mit größtem Respekt zu behandeln. Bei der Entwicklung ihrer Frauenrolle bedürfen sie unserer bedingungslosen Unterstützung und der Gewißheit, daß wir unsere Macht – die in dieser Phase fraglos noch größer ist als ihre – nicht dazu verwenden, sie zu formen. Und da dieser Prozeß sehr unbewußt ablaufen kann, sollten wir sehr wachsam auf Botschaften achten, die wir von unseren Töchtern empfangen, seien sie verbal oder non-verbal.
Die Mutter-Tochter-Beziehung klingt hier wie ein Schlachtfeld, und tatsächlich kann sie voller Gefahren sein. Doch bei allen Frauen mit Töchtern, die ich kenne, habe ich festgestellt, daß die Beziehung ein unaussprechlich tiefes und wunderbares Band herstellt, eine Verbindung auf der höchsten Ebene des Frauseins.

Die besitzergreifende Mutter

Ähnliche Konflikte können aus ähnlichen Gründen in der Vater-Sohn-Beziehung entstehen, doch diese überschreitet den Rahmen dieses Buches. Die Mutter-Sohn-Beziehung allerdings ist ein anderes Thema. Ich möchte nicht verallgemeinern und sagen, Jungen sind einfacher, obgleich viele Frauen, mit denen ich sprach, sagten, daß sie genau das glaubten. Doch zweifellos ist diese Beziehung weniger komplex, da sie nicht die Ebene des Vergleichs oder Wettbewerbs enthält. Ich bin jedoch sehr vorsichtig mit Verallgemeinerungen, da mir jetzt beim Schreiben mindestens zwei junge Männer einfallen, die stürmische und alles andere als einfache Beziehungen zu ihren Müttern haben. Allerdings trifft es zu, daß wir uns mit unseren Söhnen nicht in der gleichen biologischen und emotionalen Weise identifizieren, was ihnen mehr Freiraum läßt, sich von uns wegzuentwickeln.
Doch diese Beziehung ist auf eine andere Art intensiv; die Identifikation mit einem Sohn ist ähnlich der mit einem Partner – eine Art emotionaler Inzest. Die Frau, die dies erlebt, ist sich der Folgen meist nicht bewußt; sie weiß nur, daß sie ihr Kind mit Leidenschaft liebt und es nicht gehen lassen will.
Sheila hat einen Sohn in Frankreich, eine verheiratete Tochter lebt ganz in der Nähe, und sie scheint glücklich mit ihrer Beziehung zu beiden zu sein. Dennoch ist sie verzweifelt:

> Mein jüngstes Kind ist jetzt 30, und ich bin hin- und hergerissen. Er war immer der liebevollste und derjenige, den ich am meisten liebte und noch liebe. Ich spüre jetzt, wo er nicht nur aus dem Nest, sondern auch aus dem Land ausgeflogen ist, die Einsamkeit ganz stark. Er ist vor etwas über einem Jahr nach Neuseeland ausgewandert, und er und seine Frau erwarten ihr erstes Kind. Manchmal ist mein Gefühl der Einsamkeit so stark, daß ich keinen Sinn im Weiterleben sehe. Ich habe in allen Räumen Fotos von ihm, und einige trage ich bei mir. Ich bete täglich, daß er merkt, wie sehr er uns vermißt, und nach Hause zurückkommt. Ich weiß, daß

> ich selbstsüchtig bin, denn ihr Leben da unten ist allem, was sie hier hatten, weit überlegen.
> Ich habe das Gefühl, all die Jahre der Mühe und Sorgen um ihn waren vergeudet, denn gerade wenn ich seine Liebe brauche, ist er nicht hier. Ich würde auswandern, wenn ich könnte, doch ich würde wegen meiner schlechten Gesundheit dort nicht genommen werden. Ich habe einen sehr liebevollen Ehemann, der alles für mich tun würde und auf meine verzweifelten Stimmungen sehr geduldig reagiert.
> Weder mein Sohn noch meine anderen Kinder wissen, wie verzweifelt ich bin. Ich könnte es ihnen auch nicht sagen, denn wenn John es wüßte, würde es ihn aufregen und er würde sich nicht wohlfühlen, daher sind meine Gefühle eine Sache zwischen mir und meinem Mann. Während ich diesen Brief schrieb, mußte ich ihn anrufen, nur um seine Stimme zu hören. Vielleicht heilt die Zeit, wer weiß? Nur Gott.

Sheila ist keine besonders besitzergreifende Mutter – wäre sie es, würde sie die Gefühle ihres Sohnes nicht so schonen –, sie ist eher eine Mutter, die in diesen geliebten Sohn, der alles verkörpert, was sie ihrer Ansicht nach glücklich macht, zu viel Liebe und ihr ganzes Selbst investiert hat. Sie hüllt sich in undurchdringliche Traurigkeit wie in einen Mantel; man hat das Gefühl, daß nichts sie erreichen kann – weder ihre anderen Kinder noch ihr liebender Mann. Sie lebt buchstäblich für ihren jüngsten Sohn, doch der ist am anderen Ende der Welt und wird in absehbarer Zeit auch höchstwahrscheinlich nicht zurückkommen. Vielleicht die traurigsten Worte des Briefes sind diese: »Ich habe das Gefühl, all die Jahre der Mühe und Sorgen um ihn waren vergeudet, denn gerade wenn ich seine Liebe brauche, ist er nicht hier.«
Die harte Tatsache ist, daß wir Kinder haben, um sie auf irgendeine Weise zu verlieren. Sie schulden uns nichts. Ich habe Sheilas Brief hier einerseits wegen dieses einen Satzes aufgenommen, aber auch wegen der Implikation, die der Rest enthält: Wenn wir unseren Kindern unsere Liebe geben,

schulden sie uns Gegenliebe. Dies ist die Grundüberzeugung der besitzergreifenden Mutter: daß ihre Kinder ihr etwas schulden.
Die Schriftstellerin Alice Thomas Ellis, die sehr viel über Liebe und Verluste weiß, sagt zum Thema Kindesliebe folgendes:

> Es ist sehr gefährlich, ein Kind einfach deshalb zu haben, weil du dir jemanden wünschst, der dich liebt, denn darum geht es nicht. Du liebst sie, und mit viel Glück lieben sie dich wider, doch dafür sind sie nicht da. Sie sind dazu da, das weiterzugeben, sie sind dazu da, jemand anderen zu lieben, der jemand anderen lieben wird – inzwischen viele andere Menschen –, doch es sollte eine progressive Sache sein. Es ist nicht wechselseitig, nicht ganz wechselseitig.

Jeannie, die mit Ryan seit 15 Jahren glücklich verheiratet ist, explodierte fast vor Frustration, als sie mir von ihrer Schwiegermutter erzählte:

> Sie kommt absolut nicht mit der Tatsache zurecht, daß ihr Sohn, mein Mann, aus dem Haus ist. Sie hat mir nie verziehen, daß ich »ihn ihr weggenommen habe«, wie sie es ausdrückt. Sie hatte es nicht leicht. Sie zog mit 15 zu Hause aus und mußte bei einer älteren Schwester leben, heiratete, doch ihr Mann und alle Kinder wurden im Zweiten Weltkrieg getötet. Sie heiratete Ende des Krieges erneut, und ein paar Jahre darauf kam Ryan zur Welt. Sie hat keine Freunde und keine Interessen, verweigert jeden Kontakt mit den Nachbarn und besucht auch ihren Bruder und ihre Schwester nur sehr widerwillig. Sie kommt uns besuchen und kritisiert alles – das Essen, die Tischwäsche, das Besteck, das Fernsehprogramm, die Bücher der Kinder und ihre Kleidung. Ich habe das Gefühl, ich kann es ihr mit nichts recht machen, all meine Geschenke werden weggeworfen oder an andere Verwandte verschenkt.
> Voriges Jahr war sie ernsthaft krank, also brachte ich sie ins Krankenhaus zu den Untersuchungen, erhielt aber keinen Dank, obgleich ich mir manchmal unbezahlten Urlaub

nehmen mußte oder eine Freundin bitten mußte, meine Kinder in die Schule zu bringen oder abzuholen. Ich wasche jede Woche ihre Wäsche und kaufe für sie ein, doch alles ist falsch – falsche Preise, falsche Packungsgröße, falsche Marke, falsche Art Teebeutel, Kekse, Käse.

Ich bin ernsthaft am Ende meiner Geduld und fürchte mich vor Weihnachten, weil sie den ganzen Tag meckert und sich beschwert – falsche Geschenke, falsches Essen – und dann nach Hause gebracht werden will, während wir alle mitten im schönsten Film oder Spiel sind. Mein Mann gehorcht ihren Befehlen sofort.

Neulich morgens hatte sie einen Schwindelanfall, weil sie den ganzen vorhergehenden Tag nichts gegessen hatte. Sie rief uns mehrere Male an, legte aber immer auf, wenn ich abhob, und meldete sich erst, als Ryan an den Apparat ging. Er raste dann rüber zu ihr, rief den Arzt und blieb den ganzen Tag bei ihr, bis sie ins Bett ging.

Arme Jeannie. Warum wehrt sie sich nicht endlich gegen diese fürchterliche alte Frau, könnten Sie fragen. Weil, wie meist bei einer besitzergreifenden Mutter, der Sohn Ryan bei ihrem entsetzlichen Verhalten mitspielt. Er stellt ihre Bedürfnisse über die seiner Frau – vielleicht aus falsch verstandenem Schuldbewußtsein. Er ist ihr einziges Kind und hat ein übertriebenes Pflichtbewußtsein, und damit hält er die Bindung dieser ungesunden Beziehung stabil und aufrecht.

Sie hat etwas Klischeehaftes, die Vorstellung, keine Frau sei gut genug für unsere Söhne. Doch wie die meisten Klischees beruht sie auf einem wahren Kern. Wenn unsere Söhne Freundinnen haben, besonders ernsthafte, möglicherweise ständige Freundinnen, präsentieren sie uns mit Rivalinnen. Diese Zeit ist nicht immer leicht, doch sie ist ein wesentlicher Teil des Loslassens, eine Übergabe von einer Frau an eine andere mit dem Wissen, daß diese neue, junge Frau nun den ersten Rang in seinem Leben einnimmt. Wenn wir klug sind, machen wir sie uns zur Freundin. Wenn wir Glück haben, geschieht das ganz von selbst.

7. Leeres Nest, leerer Bauch – Die Menopause

Der Ärger mit dem Leeres-Nest-Syndrom ist, daß es meist mit der Menopause zusammenfällt. Es gibt eine Fülle von Büchern über die Menopause – ich habe eine Reihe davon in meinem Bücherregal. Manche raten zur Hormonsubstitution, andere sprechen sich dagegen aus. Manche betrachten die Menopause als Übergangszeit zwischen der Phase, in der wir Kinder gebären, und dem Alter – die drei Phasen der Frau: das Mädchen, die Mutter und die Alte. Manche Frauen sind mit 50 oder so noch nicht bereit für diese Phase. Viele dieser Bücher behandeln die Lebensweise und Ernährung der Frauen nach der Menopause, andere das geistige Leben. Sie alle haben etwas zu bieten, doch man sollte nicht vergessen, daß der Grund für die große Vielfalt dieser Bücher in der gleichen Vielfalt beim Erleben der Menopause durch die einzelnen Frauen liegt.

Ich glaube, daß diejenigen, die darauf beharren, daß die Menopause eine positive und symptomfreie Erfahrung sei, zu stark vereinfachen, ebenso wie wenn manche Autoren und Ärzte darauf beharren, daß die Schwangerschaft jene Zeit ist, in der wir uns unglaublich fit und strahlend fühlen und daß eine Geburt ein schmerzloses, orgasmisches Erlebnis sein kann, wenn wir es richtig machen. Ich glaube, all diese Erfahrungen hängen von unserer Einstellung ab – von unserer Offenheit für das, was geschieht – und von eigenem positivem Handeln, indem wir alles tun, damit das Erlebnis so lohnend wird, wie es uns möglich ist.

Vieles hängt davon ab, wie Sie sich in der Phase, die Sie gerade durchmachen, emotional fühlen. Meine Schwangerschaften zum Beispiel waren objektiv betrachtet ziemlich furchtbar. Mir war sehr schlecht, und ich hatte bei dreien von vier größere Komplikationen. Doch ich war leidenschaftlich gern schwanger, weil das der spürbare Beweis war, daß ich ein langersehntes Kind haben werde, und weil die Aufregung und das Staunen über die Veränderungen meines Körpers und über das wachsende menschliche Leben in mir bei weitem die Unbequemlichkeiten aufwogen. Dabei habe ich akzeptiert, daß nicht alle Frauen so empfanden, daß für manche, so sehr sie sich ihre Kinder gewünscht haben, Schwangerschaften etwas Alptraumhaftes hatten. Wie wir mit unserem Körper und seinen Funktionen umgehen, ist stark persönlich und individuell geprägt und kann nicht verallgemeinert werden.

Ich kann nicht sagen, daß ich mich in der Menopause ebenso positiv fühlte. Ich fand, ich war zu jung – 42 –, und ich lehnte die unangenehmen körperlichen Symptome und das Gefühl ab, daß mein Gehirn zu einem Schwamm wurde und meine frühere geistige Regheit scheinbar gedämpft wurde.

Ich glaube, der Weg zu einer *relativ* beschwerdefreien Menopause führt über Akzeptanz und eine Fülle praktischer Hilfsmittel und Strategien zur Bekämpfung möglicher Probleme. Die Gefühle, die die Menopause begleiten, sind jedoch von überragender Bedeutung, und sie sollten angesprochen werden, ehe eine Frau überhaupt an Akzeptanz denken kann.

So wie das Einsetzen der Menstruation den Beginn der weiblichen Fruchtbarkeit signalisiert, so erklärt die Menopause ihr Ende. Die Sprache, die die Menopause beschreibt, klingt nüchtern – es wächst oder reift nichts mehr heran, statt dessen verschrumpeln und vertrocknen die Eierstöcke, alle noch produzierten Eier werden wahrscheinlich von minderer Qualität sein – daher das erhöhte Risiko von Mißbildungen bei Babys von Frauen in fortgeschrittenem Alter. Wir schrumpfen und vertrocknen, und das ganz wörtlich, da die Scheidenflüssigkeit zurückgeht und der Geschlechtsverkehr schmerzhaft wird, so daß künstliche Gleitmittel erforderlich werden.

Für viele Frauen bedeutet diese körperliche Erinnerung daran, daß ihre fruchtbaren Jahre vorbei sind, einen doppelten Verlust. Die Kinder, die sie geboren haben, sind erwachsen, und ihr Körper macht deutlich, daß er keine mehr bekommen kann. Und die Natur, die keinen Trick ausläßt, kann in dieser

Zeit grausam sein. Viele Frauen in der Peri-Menopause (in der zwar noch ein Eisprung und eine Menstruation stattfinden, doch seltener) verspüren einen überwältigenden Drang, ein Kind zu bekommen – das letzte Aufflackern der Eierstöcke. So war es bei mir, als ich 40 war, und ich weiß noch, was für ein überwältigender, irrationaler, primitiver, animalischer Drang das war. Eine Zeitlang verzehrte er mich. Meine Kinder waren noch nicht aus dem Haus, damit hatte es also nichts zu tun, sondern eher ein instinktives Drängen, daß ich eine Frau mit der Fähigkeit zu gebären sei und das auch tun sollte, ehe es zu spät war. Das Bewußtsein für das Ablaufen der biologischen Uhr, daß ich bald nie wieder fähig sein würde zu empfangen, war belastend, da wir aus sehr guten Gründen beschlossen hatten, kein weiteres Kind zu bekommen. Daher mußten Logik und Verstand über Instinkt und Sehnsucht siegen. Mit der Menopause verschwand der Drang, was zugleich bewies, daß er großteils biologischer Natur gewesen war.

Wenn die Menstruation endgültig aufhört, empfinden viele Frauen ein Gefühl des Verlustes und der Traurigkeit, das verschiedene Ursachen haben kann. Das Ende der Fruchtbarkeit bedeutet zwar das Ende der Notwendigkeit der Empfängnisverhütung, macht einigen Frauen aber auch deutlich, daß die Tage ihrer Mutterrolle gezählt sind, besonders wenn gleichzeitig ihre großen Kinder aus dem Haus gehen. Das mag irrational sein, und Frauen, die diese Traurigkeit nicht erleben, mögen es schwer verständlich finden, doch Gefühle auf diesem Gebiet basieren nicht auf Ratio und Logik. Andere Frauen reagieren besonders empfindlich auf den Verlust ihres jüngeren Selbst und sehen, daß die Menopause sie weniger attraktiv macht. Sie fürchten, ihre Sexualität zu verlieren und zu einer vergessenen, übersehenen Klasse von Bürgern zu werden, keine echten, aktiven, positiven Frauen mehr zu sein. Das ist keine Eitelkeit – unsere Gesellschaft ist nicht gut darin, ältere Frauen zu ehren, die Werte unserer Kultur basieren auf Jugend und gutem Aussehen.

Und dann ist da die Frage der Hysterektomie (operative Entfernung der Gebärmutter). Frauen in der Menopause sind anfällig für gynäkologische Störungen – schwere Blutungen, Fibrome, Gebärmuttervorfall. Viele Ärzte raten zur Hysterektomie, allerdings gibt es in England und den USA in letzter Zeit steigende Besorgnis wegen der vielen unnötigen Hysterektomien. Frauen stehen dieser Operation mit emotionalen, polarisierten Gefühlen gegenüber, dafür und dagegen. Manche finden die Aussicht, ihre Gebärmutter zu verlieren, in höchstem Maße psychisch belastend. Dafür gibt es viele gute Gründe. Manche empfinden die Gebärmutter als Kern ihrer Weiblichkeit, manche wollen nicht die Quelle ihrer Fruchtbarkeit herausgeschnitten bekommen, selbst wenn sie keine Kinder mehr haben können oder wollen. Und für viele Frauen ist ihre Gebärmutter fest mit ihrer Sexualität verbunden. Doch andere Frauen, und das sind nicht wenige, sind überglücklich, einen problematischen Uterus loszuwerden; ich würde sogar meinen, sie seien in der Mehrheit. Als mir vor zwei Jahren zu einer Hysterektomie geraten wurde – die ich ablehnte –, gab es viel mehr Frauen, die zu mir sagten, »Na los, trenn dich davon, du fühlst dich dann viel besser«, als solche, die mich in dem Wunsch unterstützten, meine Gebärmutter zu behalten. In Wahrheit gibt es meist Alternativen zur Hysterektomie, und in einer solchen Situation sollte man die Meinung eines zweiten oder dritten Arztes einholen. Die Ausnahme ist Krebs der Gebärmutterschleimhaut, wo die Hysterektomie notwendig ist, um den Krebs vollständig zu eliminieren.

Eine Frau, die eine Hysterektomie braucht und deshalb unglücklich ist, muß deshalb trauern wie über jeden anderen Verlust. Sie sollte sich das gestatten und sich nicht durch die vielen Menschen unter Druck gesetzt fühlen, die ihr hartnäckig einzureden versuchen, daß dies das Beste ist, was ihr passieren kann, oder die ihre Gefühle nicht verstehen können. Und wie bei allen Verlusten gelangt man nur durch Anerkennen und Trauern zur Akzeptanz.

Und so ist es auch mit der Menopause. Es ist eine Zeit, in der die Frauen sanft mit sich umgehen sollten. Die körperlichen Symptome sorgen dafür, daß Sie sich grauenhaft fühlen, und wenn Sie darunter leiden, ist es sinnvoll, dagegen vorzubeu-

gen. Erwägen Sie die Hormonsubstitution als Behandlungsform – eine Entscheidung, die Sie ganz individuell treffen müssen; bei manchen Frauen wirkt sie wahre Wunder. Doch sie paßt nicht für jede Frau, und wenn Sie deswegen Bedenken haben, nehmen Sie sie lieber nicht. Es gibt viele praktikable Alternativen – Sie bekommen in der Apotheke Nahrungsergänzungen speziell für die Menopause. Ich war diesbezüglich recht skeptisch, bis mir eine befreundete Ärztin sagte, daß sie die nehme und sie ihr tatsächlich gegen ihre Wallungen und nächtlichen Schweißausbrüche halfen.
Während der Menopause ist die Ernährung sehr wichtig und hat einen ungeheuren Einfluß auf die Symptome. Wenn Sie keine Hormonsubstitution nehmen, können Sie natürliches Östrogen – sogenannte Phyto-Östrogene – aus bestimmten Nahrungsmitteln aufnehmen. Die wichtigsten sind

Sojabohnen und Soja-Produkte: Tofu, Miso, Tamari, Sojasauce;
Fenchel, Sellerie und andere grüne und gelbe Gemüse,
Rhabarber,
Ginseng,
Alfalfa,
Anis, Lakritze, Leinsamen.

Die Menopause braucht kein Alptraum zu sein. Wenn Sie sich in jeder praktischen Hinsicht geholfen haben, spüren Sie auch die Kraft, mit den widerstreitenden Gefühlen fertig zu werden, die der Verlust Ihrer Fruchtbarkeit und der Verlust der Kindheit Ihrer Kinder mit sich bringen.
Die Menopause schließt einen Kreislauf, der in der Pubertät mit dem Einsetzen der Menstruation begann und mit Schwangerschaft, Geburt, Stillzeit und Wiedereinsetzen der Menstruation weiterging. So wie all diese anderen Ereignisse wichtige Etappen in unserem Leben als Frau waren, genauso ist die Menopause von Bedeutung. Sie ist nicht das Ende – sie ist der Abschluß eines Zyklus in unserem Leben, dem unserer Fruchtbarkeit. Der Platz, den sie schafft, bietet Raum für eine neue Art der Kreativität.

8. Durchbruch: Heilung und eine »Schöne Neue Welt«

Selbst eine Reise von tausend Meilen beginnt mit einem einzelnen Schritt.

Chinesisches Sprichwort

In Kapitel 5 bin ich ausführlich auf den Prozeß des Verlusts und der Trauer eingegangen, weil er erst vollständig verstanden und internalisiert werden muß, ehe es möglich ist, ihn zu durchschreiten und hinter sich zurückzulassen. Eine sehr reale Wahrnehmung von Schmerz ist der erste Schritt zu seiner Heilung. Für viele Frauen war die Erkenntnis, daß sie unter dem leeren Nest litten, der erste Schritt des Heilungsprozesses. In ihrem ausgezeichneten Buch *The Courage to Grieve* (Mut zu trauern) schreibt Judy Tatelbaum:

> Es erfordert viel Mut, dem Schmerz direkt und ehrlich zu begegnen, mitten in so unbequemen Gefühlen zu sitzen, bis wir sie formuliert und abgeschlossen haben. Es erfordert Mut, den Schmerz und die Angst der Trauer voll durchzuleben und den Gefühlen in dieser Zeit zu begegnen, anstatt sie aufzuschieben.

Für viele Frauen führt diese Art Arbeit zu schmerzlichem Widerhall aus der Vergangenheit. Wenn der Auszug der Kinder zu einer Art Wasserscheide wird, wenn diese Zeit Trauer auslöst, die dem Ereignis völlig unangemessen zu sein scheint, dann darf man nicht vergessen, daß dies auf weitgehend unbemerkte alte Verluste, auf alte Wunden zurückzuführen ist, die in uns wachwerden, die wollen, daß man sich mit ihnen befaßt, denn unerledigte Angelegenheiten sind extrem machtvoll. Insbesondere Frauen, die nie genug Mutterliebe erfahren

haben und durch ihre Kinder das Geben und Empfangen von Liebe erleben, das sie selbst in einer wesentlichen Phase ihrer Kindheit vermißt haben, fühlen sich wahrscheinlich auf eine Weise verlassen oder zurückgestoßen, die sie überwältigen kann, selbst wenn sie sich der Verbindung wahrscheinlich nicht bewußt sind.
Wie meine Freundin Ruth, die Therapeutin, sagte:

> Es geht darum, zu den Wurzeln zurückzugehen und sich das Gefühl der Trauer zu erlauben. Es geht darum, sich dem Schmerz voll zu stellen, ohne die Hand vor die Augen zu halten und zwischen den Fingern hindurchzublinzeln, oder zu versuchen, ihn zurückzuhalten, denn das ändert nichts.
> Wenn du dich traust zu leiden, anstatt dich davor zu fürchten, und dazu »in Ordnung« sagst, ist es nie auch nur halb so schlimm, wie du vorher geglaubt hast. Es ist das Hineingleiten, das so erschreckend ist. Sobald du drin bist, gibt es immer Hilfe. Frauen in diesem Lebensabschnitt verfügen über viel Erfahrung im Trösten, die sie sicher nicht hatten, als sie die ursprüngliche Verletzung erlebten. Sie hatten damals keine Verteidigungsmöglichkeiten, doch nun haben sie in sich ungezählte Möglichkeiten, sich selbst zu trösten und zu bemuttern. Ich bin überzeugt, wenn du dich auf das Leben einläßt, findest du immer das, was du brauchst, um damit umzugehen, um durchzukommen. Doch wenn du dich dem entziehst, dann führt der Versuch, Schmerz zu vermeiden, dazu, daß du mitten drin lebst – oder vielmehr existierst, Tag und Nacht.
> Sich der Angst ins Auge. Fast sicher ist es eine Angst, meist davor, etwas zu verlieren. Es ist sehr wichtig, sich darauf vorzubereiten, nicht mehr davonzulaufen. Wichtig ist, das Risiko einzugehen, es beim ersten Mal nicht richtig zu machen, denn auch das läßt die Leute aufgeben. Vertraue dir selbst. Du schaffst es.

Ich habe entdeckt, daß für den Erholungsprozeß die Zerstörung falscher Hoffnungen ganz entscheidend ist. Hoffnung kann trügerisch sein, wenn sie eine falsche Vorstellung darüber am Leben hält, wie die Dinge sein könnten, wenn wir die Möglichkeiten im Blick behalten. Doch diese Art Hoffnung wurzelt in den falschen Möglichkeiten und ist oft unbewußt. Sie führt in die Irre und verhindert eine Erholung; sie flüstert uns ein, daß unsere Kinder vielleicht zurückkommen, daß sie uns vielleicht oft besuchen, vielleicht auch zu Hause wieder einziehen, nicht erwachsen werden. Diese Art Hoffnung ist engstens verwandt mit Erwartungshaltungen. Und solange sie existiert, sind wir wie gelähmt, warten auf ihr Eintreffen und kommen mit dem Rest unseres Lebens nicht weiter. Auf Hoffnung folgt Passivität, dann Akzeptanz, die etwas Aktives ist. Aus der Akzeptanz heraus können Sie die Herausforderung von Verlust und Schmerz annehmen, und damit beginnt der Veränderungsprozeß.

Akzeptanz ist die Brücke – das Ende des Trauerns und der Beginn der Heilung. Sie bringt die große Erleichterung; die Traurigkeit und der Schmerz sind noch da, doch Sie hadern nicht mehr damit. Wenn Sie dem Schmerz begegnen und »ja« zu ihm sagen, hat er keine zerstörerische Macht mehr. Akzeptanz ist nicht leicht, und manchmal können wir sie nur durch einen Willensakt erreichen – indem wir uns gewillt machen, loszulassen, indem wir offen für die Tatsache sind, daß unser Trauern seine eigene verborgene Geschichte enthalten kann, die manche Menschen jahrelang in dieser Phase festhält. Akzeptieren kann unbequem sein; es bedeutet, zu sagen – nötigenfalls auch laut –, daß die Person oder Situation, die wir verloren haben, niemals zurückkehren wird, daß die Dinge nie wieder sein werden wie früher. Jemand sagte einmal zu mir: »Sag nicht nie – das zerstört die Hoffnung«, doch hier geht es um trügerische Hoffnungen, das Hoffen auf etwas, das sich nicht nur außerhalb eines realistischen Rahmens befindet, sondern auch unsere Entwicklung und unsere Wiederherstellung verhindert.

Akzeptanz trägt ein außerordentliches Gefühl der Ruhe und Ordnung in vorher chaotische Gefühle. Ich kann Ihnen nicht sagen, wie Sie akzeptieren sollen, ich kann nur sagen, daß die

Bereitschaft, die Dinge loszulassen, die Sie sich so sehr wünschen, die zu verlieren Sie so sehr fürchten, Sie weiterbringt. Keine Angst, wenn es einige Zeit dauert oder wenn Sie finden, daß Sie durch Akzeptanz nur zu neuerlicher Auflehnung gegen Ihre Situation gelangt sind. Sie kommen dahin. Um ein abgedroschenes, aber zutreffendes Bild zu gebrauchen: Es fühlt sich tatsächlich an, wie nach langem Treiben auf stürmischer See in einen sicheren Hafen zu kommen.

In *Healing Grief* (Trauer heilen) beschreibt Barbara Ward die »Übergangskurve« der Besserung, ein Konzept, das Barry Hopson und Mike Scally in ihrem *Lifeskills*-Trainingsprogramm entwickelt haben. Die Kurve veranschaulicht das Sinken des Selbstwertgefühls, das zwischen »dem Verlust der alten und der Integration in eine neue Realität« auftritt. Hopson und Scally halten diese Übergangskurve für besonders nützlich bei Verlusten, die nicht auf einen Todesfall zurückgehen – Verlust des Arbeitsplatzes, Arbeitslosigkeit, Körperbehinderung. Indem sie dazu auffordert, der Veränderung ins Gesicht zu sehen und dadurch zu wachsen, ist sie ein geeignetes Modell für die Übergangsphase beim leeren Nest.

Die ersten drei Stufen der Kurve beziehen sich auf die bereits behandelten Phasen der Trauer: *Immobilisation* (Schock, Unglaube), *Minimisation* (Leugnen), und *Selbstzweifel/Depression*. Der tiefste Punkt auf diesem ersten Teil der Kurve, der das Selbstwertgefühl wiedergibt, ist *Akzeptanz/Loslassen*. Der Beginn der Akzeptanz ist zugleich der erste Schritt heraus aus dem Leugnen. Dies ist ein wesentlicher Punkt auf der Gesundungskurve; mit dem Weg aus dem Leugnen in die Akzeptanz der Realität des Verlustes beginnt der aufsteigende Teil der Kurve, der zu Gesundung führt. «Zur Gesundung von Trauer», so Barbara Wood, »gehört die Entwicklung einer neuen Identität, die Ihnen ermöglicht, in der Welt auch ohne die Menschen bzw. die Lebensform, die Sie verloren haben, zurechtzukommen.«

Es gibt drei Schritte auf dem aufsteigenden Teil der Kurve, der Gesundungsphase. *Ausprobieren* bedeutet, eine Zehenspitze in das Wasser dieser neuen Lebensphase stecken; verschiedene Formen des Seins und Handelns ausprobieren. An dieser Stelle ist es hilfreich, wenn Sie akzeptieren können, daß die Veränderung tatsächlich eingetreten ist und daß Sie fähig sind, sich selbst damit zu verändern. Viele Leute haben mir erzählt, daß sie nach dem Auszug ihrer Kinder eine Abendschule besuchten, sich einer ehrenamtlichen Tätigkeit widmeten oder einen neuen Job annahmen, daß sie sich aber dadurch kein bißchen anders fühlten, daß sie immer noch um ihre Kinder trauerten und sich danach sehnten, daß alles so sei wie früher. Diesen Frauen hat die neue Aktivität nicht als Ersatz geholfen, da sie noch nicht bereit waren – sie hatten die Stadien des Trauerns noch nicht durchgemacht, noch nicht gelernt loszulassen. Diejenigen, die ihr Trauern abgeschlossen hatten, hatten Spaß und Freude daran, etwas Neues auszuprobieren, kleine neue Identitäten zu erwerben.

Ich stellte fest, daß ich wirklich gern koche. Die Familie reagierte darauf eher rüde, da ich sie mit guter, aber einfacher Hausmannskost großgezogen hatte. »Du wartest, bis wir gehen«, sagten sie, »und dann kochst du diese ganzen Köstlichkeiten!« – doch das Nette daran ist, daß es mir wirklich Spaß macht, ihnen besondere Mahlzeiten zuzubereiten, wenn sie kommen, und sie wissen das fraglos zu schätzen!

Der zweite Schritt ist *Die Suche nach Sinn* und behandelt den Aufbau einer neuen Identität auf einer höheren Ebene. Für viele Frauen beginnt nun eine spirituelle Phase ihres Lebens. Die Frage nach Sinn tritt in den Vordergrund, und die vielen Bücher zum Thema persönliche Weiterentwicklung spiegeln es. Es scheint, als würden wir uns mit zunehmendem Alter immer mehr bewußt werden, daß das Leben einen Sinn hat und daß wir ihn entdecken wollen. Es gibt alle möglichen Wege, ihn für sich zu finden. Während wir weitgehend mit der Erziehung unserer Kinder beschäftigt sind, bleibt uns meist keine Zeit oder kein Raum für Introspektion. Während dieser Zeit beschloß ich, darüber nachzudenken, was es für mich heißt, katholisch zu sein, und ob es mir überhaupt irgend etwas bedeutete. Ich lehnte so viel von der offiziellen Lehrmeinung ab, daß ich wissen wollte, ob ich mich überhaupt als Katholik bezeichnen könne. Ich fand dabei heraus, daß die katholische Kirche zweifellos meine geistige Heimat ist, mochte ich mich auch noch so sehr gegen den Papst, die Kirche und ihre Lehren auflehnen. Als mir das klar wurde, brauchte ich es nicht weiter zu hinterfragen und auch keine Erklärungen für alle Auswüchse zu suchen.

Dies muß nicht notwendigerweise ein spiritueller Prozeß sein. Die Suche nach Sinn ist wesentlich eine Suche nach Identität, die eine spirituelle oder religiöse Komponente enthalten kann oder auch nicht.

Integration

Der letzte Schritt auf der Übergangskurve ist *Integration.* Damit wird die Person oder die Situation, die verloren wurde, zu einem integralen Teil der Erfahrung. Bei einem Trauerfall findet die Integration in Form einer Internalisierung des Toten statt, im Laufe derer die geliebte Person ein Teil von Ihnen wird. Barbara Ward beschreibt, wie ihr das drei Monate nach dem Tod ihres Mannes geschah. Sie war auf dem Weg zu einem Bewerbungsgespräch, im Zuge dessen sie eine kurze Rede halten mußte. Sie war deswegen sehr nervös. Auf der Hinfahrt sah sie ein ungewöhnliches Gebäude und beschloß, über Architektur zu sprechen. Ihr Mann war Architekt gewesen, und sie hatte das Gefühl, er sprach durch sie. Jahrelang, sagt sie, fühlte sie sich von ihm geleitet, wenn sie wichtige Entscheidungen zu fällen hatte. Das trifft nicht in gleichem Maße auf die Veränderungen und Anpassungen zu, vor denen wir beim Auszug unserer Kinder stehen, doch das Prinzip ist das gleiche. Ich fragte mehrere Frauen, was sie in diesem Zusammenhang unter Integration verstanden. Manche waren verwirrt, andere versuchten auszudrücken, was es für sie hieß, und manchen war die Bedeutung völlig klar, auch wenn es sich nicht leicht formulieren läßt.

Es steht mir nicht zu, und auch niemandem sonst, die Tiefe

und das Ausmaß der Gefühle einer Frau zu bewerten, die den Auszug ihrer Kinder betrauert. Manche erleben eine konstante, nagende Traurigkeit, andere das Gefühl, das Leben sei sinnlos geworden, und dazwischen gibt es eine Bandbreite an Gefühlen. Jede Frau, deren Lebensqualität darunter leidet, wenn ihre Kinder aus dem Haus gehen, sollte sanft mit sich umgehen und sich nach Hilfe umsehen; es gibt viele Mittel und Institutionen, die ihr durch diese Zeit helfen können. Es gibt Dinge, die sie für sich selbst tun kann, und es gibt Hilfe, die sie von anderen abrufen kann. Viele Frauen, die gerade am Anfang ihres Heilungsprozesses stehen, berichteten mir von ihren »Überlebensstrategien«. Sie sind individuell auf jede Frau zugeschnitten, und alle haben geholfen. Sobald Sie einmal positiv darüber nachdenken, werden Sie Ihre eigenen finden.

Medikation

In Kapitel 5 ging es um Depressionen, unter denen Frauen in diesem Lebensabschnitt leiden können, oft deshalb, weil er mit der Menopause und anderen Familienproblemen wie pflegebedürftigen oder kranken Eltern oder Trauerfällen zusammenfällt. Wenn Sie glauben, daß Ihre Gefühle/Symptome der angeführten Checkliste für Depressionen entsprechen und Ihr Arzt Ihnen Antidepressiva verschreibt, überlegen Sie gut, ob Sie sie nehmen wollen oder nicht, doch seien Sie dafür offen. Antidepressiva nehmen Ihnen die Symptome der Depression, und wenn Ihre Arbeit darunter leidet, finden Sie möglicherweise, daß Sie sie einfach brauchen, um weitermachen zu können. Wenn Sie auch ohne Medikamente auskommen, umso besser, denn ein Teil des Heilungsprozesses besteht darin, dem Schmerz ins Auge zu sehen und ihn durchzustehen, herauszufinden, was es damit auf sich hat, woher er kommt und ob sich andere Quellen der Trauer dahinter verbergen. Möglicherweise verhindern Antidepressiva diese Art der Trauerarbeit. Sie können jedoch für kurze Zeit eine nützliche Hilfe sein.

Therapie und Beratung

Das leere Nest ist für viele Frauen eine Lebenskrise, und wenn Sie sich so fühlen, könnte es Ihnen helfen, darüber mit jemandem zu sprechen, der objektiv und verständnisvoll ist. Eine Beratung hilft Ihnen, Ihre Probleme anzugehen und Ihre Gefühle rings um diese Themen zu verarbeiten. Sie gibt Ihnen die Chance, Ihre Gefühle frei, ohne Angst vor Kritik auszusprechen, und ein kluger Berater hilft Ihnen, Dinge unter einem neuen Blickwinkel zu sehen. Der Berater verändert die Dinge nicht für Sie, aber er hilft Ihnen, das selbst zu tun.
Eine Therapie setzt auf einer anderen Ebene an und kann Monate oder sogar Jahre dauern. Frauen mittleren Alters entscheiden sich zunehmend für eine Therapie, und auch wenn viele sich darüber als typisch amerikanische Unsitte mokieren, kann ein guter Therapeut Sie dazu befähigen, Teile Ihres Selbst zu entdecken, von denen Sie nicht wußten, daß es sie gibt, und Aspekte davon zu verstehen, die Sie zuvor nur verwirrt haben. Bei einer Frau, die wegen des Leeres-Nest-Syndroms eine Therapie beginnt, wird der Therapeut wahrscheinlich ihre Kindheit erforschen, denn der Prozeß geht von der Prämisse aus, daß die Vergangenheit den Schlüssel für die Gegenwart enthält. Viele Menschen gehen wegen eines aktuellen Problems in Therapie und brechen dann zu einer Reise auf, auf der sich all ihre Gefühle, Handlungen, Motive, Verhaltensweisen zu einem verständlichen Muster ordnen wie die Steine eines Puzzles. Die Therapie kann nicht versprechen, Ihren Schmerz zu heilen, doch wenn Sie seine Ursachen vollständig begreifen, ist es wahrscheinlich, daß Sie ihn selbst durch Verständnis und Akzeptanz heilen.

Komplementärmedizin

Auf diesem Gebiet begegnet Ihnen eine verwirrende Auswahl von Behandlungsformen. Ich habe die Komplementärmedizin einmal für ein körperliches Problem in Erwägung gezogen, unternahm letzten Endes aber nichts, da mir jede meiner Freundinnen eine andere Behandlung empfahl und jede schwor, daß ihre die einzig wahre sei. Sie empfahlen Hypnotherapie, Akupunktur, Kräuterheilkunde, Rückführungen, Chiropraktik ... All dies ist ziemlich teuer, und die meisten Menschen können es sich nicht leisten, sie alle auszuprobieren, bis sie wissen, was ihnen hilft. Wahrscheinlich helfen auch alle bis zu einem gewissen Grad, obgleich ich nicht weiß, wie weit die Wirkung auf einem Placebo-Effekt beruht. Hier sind Sie auf sich selbst angewiesen. Vielleicht haben Sie Glück und bekommen eine Empfehlung von jemandem, dessen Urteil Sie voll vertrauen. Sollte das der Fall sein, lassen Sie es ruhig auf einen Versuch ankommen.

Ich selbst empfehle zwei wirksame Behandlungen, die Sie nicht ruinieren werden und wert sind, ausprobiert zu werden. Die homöopathischen Heilmittel bei Trauer und Verlust sind *Ignatia* und *Natrum Muriaticum (nat. mur.).* Sie erhalten Sie rezeptfrei in der Apotheke. Ähnlich wirken die immer beliebteren Bachblüten-Heilmittel. Es sind kleine braune Fläschchen mit einer Pipette, und Sie nehmen ein paar Tropfen der alkoholischen Lösung. In Frage kommt hier Walnuß, die als »Aufbruch zu neuen Ufern« alte Verbindungen abbrechen hilft. Dr. Bach, der Entdecker dieser Heilmittel, schrieb dazu:

»Walnuß ist das Mittel der Entwicklungsphasen, des Zahnens, der Pubertät, der Veränderungen des Lebens. Das Mittel für die, die beschlossen haben, einen großen Schritt vorwärts im Leben zu machen, mit alten Konventionen zu brechen, alte Grenzen und Restriktionen zu verlassen und einen neuen Weg zu gehen. Das ist wegen des leichten Bedauerns, mit dem die Trennung von alten Bindungen, alten Verbindungen und alten Gedanken einhergeht, oft mit körperlichem Leiden verbunden. Ein großartiger Bannbrecher, sowohl was Dinge der Vergangenheit angeht, die meist Erbgut genannt werden, als auch bei gegenwärtigen Problemen.«

Weitere kreative Behandlungsformen

Immer wieder hörte ich von Frauen, daß sie ihren Schmerz mit niemandem teilen können aus Angst, abgelehnt, mißverstanden oder aufgefordert zu werden, sich zusammenzureißen. Dazu kommt auch das Problem des scheinbaren Komplotts der Fröhlichkeit – eine Frau erzählt der anderen, wie glücklich sie ist, daß ihre Kinder aus dem Haus gehen. Vielleicht ist dies der Augenblick der Wahrheit, Ihren Freunden zu sagen, wie Sie sich fühlen, es ihnen mitzuteilen und jenen, die in der gleichen Lage sind, die Chance zu geben, ebenfalls ehrlich zu sein. Die Überwindung des Traumas, der Trauer oder Traurigkeit verlangt alle Unterstützung, die Sie bekommen können.
Bei der Suche nach Quellen der Unterstützung und des Trostes sollten wir nicht übersehen, wie wir uns selbst behandeln. Wir waren so beschäftigt mit unserer Mutterrolle, haben uns und unsere Bedürfnisse so oft den Kindern geopfert, daß wir keine Vorstellung davon haben, wie wir für uns selbst sorgen oder uns selbst bemuttern sollten. Nun ist es Zeit, über unseren Erfolg als Mutter nachzudenken, anzuerkennen, daß wir eine schwierige Aufgabe abgeschlossen und es gut gemacht haben, denn hätten wir es nicht gut gemacht, würden unsere Kinder nicht da draußen in der Welt ihr eigenes Leben führen. Wir müssen sanft zu uns sein, für uns das gleiche Mitleid und Verständnis aufbringen, mit dem wir eine andere Person trösten würden, die eine schwierige Phase durchmacht. Wenn wir Akzeptanz, Offenheit und Loslassen praktiziert haben, sind wir bereit, in eine völlig neue Phase unseres Lebens überzugehen, in der wir nicht länger als Mütter, sondern als starke und fähige Frauen definiert sind, die viel geben können und noch mehr vor sich haben, auf das sie sich freuen und das sie erkunden können.

Ich habe durch das Schreiben dieses Buches viel gelernt und eine große Zahl wunderbarer Frauen kennengelernt, die für mich wie Freundinnen geworden sind, auch wenn ich ihnen nicht allen persönlich begegnet bin. Zu Beginn meiner Arbeit kontaktierte mich Helen Kendall und schickte mir einen Text, den sie selbst drei Jahre zuvor über ihre eigenen Leeres-Nest-Gefühle verfaßt hatte. Helen verkörpert für mich den Inbegriff desjenigen, der diese Erfahrung durchgestanden hat. Wir haben viel darüber gesprochen, was uns der Auszug unserer Kinder bedeutet, und ich habe viel von Helen gelernt. Und dies ist der Text, den mir Helen sandte:

> Meine Kinder sind ausgezogen. Und mit ihnen verschwanden die Telefonanrufe um zwei Uhr früh nach dem Motto: »Kannst du mich bitte abholen, Andi ist doch nicht gekommen, der mich hätte mitnehmen können, und du hast ja gesagt, daß ich nicht hierbleiben darf.«
> Oder die Anrufe am Arbeitsplatz: »Kein Grund zur Aufregung, Mrs. Kendall. Er hatte einen kleinen Unfall beim Hockey, er sieht ziemlich schlimm aus, aber er ist o.k.« Die nervenaufreibende Fahrt zur Schule, Angst vor dem, was mich dort erwartet, der Frust, daß meine Arbeit unerledigt liegenbleiben muß. Die Erleichterung, wenn ich ihn blutig, aber lebendig vorfinde. Das Betteln um das Auto, um Geld, darum, daß Freunde über Nacht bleiben dürfen, wenn ich weg bin, oder heute nicht in die Schule zu müssen (verbunden mit der Versicherung, daß das keinen stören werde, sofern es überhaupt jemand bemerkt).
> Ich kann über die 27 einzelnen Socken verfügen, die ich sorgfältig im Schrank gesammelt habe in der Hoffnung, einer meiner Söhne werde das Versteck ihres Partners verraten. Ich kann Eier kaufen, Pilze essen, sicher sein, daß der Orangensaft, den ich heute morgen geöffnet habe, den Rest der Woche reicht und nicht nur 25 Minuten lang. Ich kann einen Laib Brot pro Woche kaufen anstatt zwei am Tag und sicher sein, daß das meiste davon gegessen und nicht auf dem Brettchen, dem Fußboden und dem Tisch verkrümelt wird wie für hungrige Vögel.
> Ich kann telefonieren, ohne gefragt zu werden, wo die Autoschlüssel, der Paß oder Hundefutter sind. Ich kann einen ganzen Abend am Kamin sitzen und lesen, ohne Rachel, Sarah, Miriam oder Freya sagen zu müssen, daß er leider

nicht im Haus ist, aber viel lieber da wäre, um mit ihnen zu sprechen. Oder daß es mir leid tut, ich dachte, er sei da, ist es aber offenbar derzeit nicht. Und Rachel, Sarah, Miriam und Freya wissen, daß ich lüge und daß die Sehnsucht ihres Herzens einen Meter vor mir steht und intensiv flüstert: »Ich bin nicht da.«

Ich schaudere beim Klappern der Fensterläden und weiß, es ist nur der Wind, der da hereindrängt und nicht die Umrisse meiner Söhne – der eine leicht betrunken nach der Siegesfeier seiner Kegelmannschaft, der andere geknickt von den Schwankungen der Leidenschaft einer jungen Frau, die über Nacht ganz unverständlich absank. Und ich schmeichle, tröste, halte, zerre, nörgle nicht mehr, seufze nicht mehr innerlich, wo ich nach außen lächle, verströme keine Ruhe mehr bei innerer Panik, predige nicht mehr mit sicherer Autorität oder mit vor Angst dünner Stimme für ihre Sicherheit und Gesundheit. Ich lerne und verstehe nicht mehr täglich neu, wie Eltern zu sein haben, stricke nicht mehr meine Fehler in das Muster unseres Lebens ein.

Ich wende mich den Fotos an der Wand zu: Ein Sohn lächelt breit in die Kamera, der andere schielt mit versuchsweiser Reife um die Mundwinkel zur Seite. Babys planschen in Badewannen, Kinder feiern Geburtstag, fünf Kerzen, sechs Kerzen, zehn Kerzen.

Ich trinke Tee aus meiner Lieblingstasse und denke an die Reisen, Aufregungen und Enttäuschungen, die meinen Söhnen bevorstehen. Ich schenke mir um sechs Uhr ein Glas Wein ein und trinke in Frieden um mich herum, und stelle sie mir vor, wie sie vom hilflosen Baby zu den Männern heranwachsen, die sie gerade werden. Ich genieße meine Unabhängigkeit und weiß, meine Söhne lernen gerade, ihre eigene zu begreifen. Ich esse langsam mein Abendbrot und verdaue die Zeit, die wir miteinander hatten, die Zeit, die wir jetzt getrennt verbringen, und unsere gemeinsamen zukünftigen Zeiten.

Als ich Helen kennenlernte, erfuhr ich, daß sie etwa in der

Zeit, in der ihre Söhne aus dem Haus gingen, eine zerstörerische Krankheit durchgemacht hatte – Darmkrebs. Sie hatte zwei extrem schwere Anfälle und mußte sich nach dem zweiten einer Kolostomie unterziehen. Sie sprach über das Thema Identität – ein Thema, das in diesem Buch immer wieder auftaucht und bei Frauen in diesem Lebensabschnitt eine zentrale Rolle spielt. Helen hatte sich stets als Mutter definiert und das als primäre Grundlage ihrer Identität angesehen. Als sie krank wurde, wurde sie wirksam an der Entdeckung ihrer sich entwickelnden Identität für den nächsten Lebensabschnitt gehindert, denn nun trug sie ein Etikett – Krebspatient. »Das ist wirklich eine Identität, die du dir zulegst«, sagt sie. »So sehen dich die Leute, und so verhalten sie sich dir gegenüber – nicht Helen, die Frau, sondern Helen, die Krebspatientin.«
Während sie sich erholte, fragte sie sich immer wieder: »Wer bin ich jetzt?« Keine aktive Mutter mehr, nicht mehr länger mit dem Etikett »Krebspatient« behaftet, erhielt sie die Antwort tief aus ihrem Inneren. Sie entdeckte in sich das intensive Bedürfnis zu schreiben und das nötige Talent dazu. Ihre ersten beiden Texte erschienen in einer landesweiten Zeitung, sie verfaßte einen Beitrag für ein Buch über »Leben mit Behinderung«, und sie machte den Magister in Kreativem Schreiben und schreibt an einem sehr vielversprechenden Roman. Auf der Basis ihrer Erfahrung veranstaltet sie eine sehr beliebte Reihe von Kursen über Schreiben und Genesung, in denen die Teilnehmer durch Schreiben herausfinden, wovon sie genesen wollen, sei es körperlich, geistig oder emotional.
Dies ist die Geschichte von Helens Gesundung – nicht nur von ihrer Krankheit, sondern auch vom Verlust ihrer Söhne und ihrer Mutterrolle. In ihrem Leben gibt es keine Leere. Sie sagt:

> Ich lerne jetzt, eine andere zu sein. Eine Zeitlang war es schwierig herauszufinden, was das ist, doch seit einiger Zeit ist es klarer. Ich sehe jetzt meine Identität als Schriftsteller. Der Prozeß der Trennung, das Begreifen, daß meine Kinder nicht Teil von mir sind, vollzog sich sehr langsam, doch du

lernst, objektiver zu werden. Es gibt da eine Art Leichtigkeit – wir sind nicht mehr miteinander verbunden. Und ich genieße meine Unabhängigkeit.

Judith schrieb mir vor zwei Jahren in einem Stadium ziemlich hoffnungsloser Depression. Als alleinerziehende Mutter mit einem einzelnen Sohn fiel es ihr sehr schwer, mit seinem Auszug fertig zu werden:

Ich verließ Tobias' Vater vor vielen Jahren und zog ihn allein groß. Ich fand nie einen anderen Partner – habe mich vielleicht auch nicht richtig danach umgesehen. Meine Hauptsorge war, daß mein Sohn nicht darunter leiden sollte, daß ich eigene Wege gehen wollte.
Ich blieb an einem Arbeitsplatz, den ich eigentlich nicht mochte, weil es ein sicherer Job war. Ich machte mit Tobias interessante Reisen nach Italien, Marokko, Indien, in die USA. Ich sorgte dafür, daß er alle Schulausflüge, Skikurse, Campingaufenthalte mitmachte. Er hatte Musikstunden, Zahnspangen, Bücher und einen Hund, ein Fahrrad – ich versuchte immer, dafür zu sorgen, daß er das gleiche hatte wie die anderen Kinder. Ich brachte ihn auch unter die Leute: Kontakte mit der Familie, mit Freunden, Bekanntschaften, mehr zu seiner Bereicherung als zu meiner.
Als klar war, daß er ausziehen würde, sträubte ich mich nicht. Ich freute mich. Ich wollte ihn nie daran hindern, erwachsen zu werden, sich von mir fortzuentwickeln. Ich glaube, das ist gut und gesund und normal so. Warum also streiche ich manchmal weinend durchs Haus?
Die Leute sagen zu mir Dinge wie: »Jetzt, wo Tobias aus dem Haus ist, wirst du alle Zeit der Welt haben.« Und ich kann sie sehen, diese ganze Zeit, die sich über mich wie ein dunkler kalter Tunnel erstreckt.
Ich will sie nicht. Warum sollte ich arbeiten, lesen, Musik hören wollen, wenn nicht, um es meinem Sohn weiterzugeben und seine Welt zu bereichern? Ich brachte diesem Kind gehen und sprechen bei, schwimmen und tauchen und radfahren. Es scheint so, als habe ich alles, was ich tat,

in irgendeiner Form für ihn gemacht. Mit ihm Nachrichten geschaut, Museen und Konzerte mit ihm besucht, ihm einen neuen Hund gekauft; ich will das verdammte Biest nicht mehr, jetzt, wo er nicht hier ist. In meinem Kopf gibt es nun einen Platz, der bislang von meinem Sohn und meinen Sorgen um ihn besetzt war. Er war der Grund, so scheint es nun, für alles. Alles, was ich tat, wurde durch diesen jetzt nutzlosen Teil meines Gehirns gefiltert.

Er kam in den Ferien nach Hause und sagte nach ein paar Tagen, er habe »Heimweh«. Er vermißte seine Freunde und sein Zimmer und sein Leben da oben. Einerseits bin ich sehr froh, nein, eigentlich stolz auf ihn. Andererseits erfüllten mich seine Worte mit Schrecken. Ich bin entsetzt über die Leere in mir. Ich zögere sogar das Waschen seiner Wäsche hinaus, weil sie nach ihm riecht. Ich sitze einfach da, tue nichts, starre ins Leere und frage mich, was um alles in der Welt ich mit all dieser Zeit anfangen soll, ohne jemanden, um den ich mich kümmern und sorgen muß außer einem einsamen alten Hund.

Ich bin verwirrt und es schmerzt mich, und traurigerweise wird nichts jemals wieder dasselbe sein, selbst wenn es besser werden sollte – und soweit ich das an anderen Frauen sehen kann, wird es das. Ich habe jene Tage für immer verloren. Eigenartiger Job, die Mutterrolle. Wenn Sie sie gut spielen, werden Sie überflüssig.

Während der nächsten Monate unterhielt ich mich mehrmals mit Judith, und langsam begann sie, sich zu erholen. Dann schrieb sie mir noch einen Brief, der mich für sie froh und hoffnungsvoll stimmte.

Ich habe es geschafft, einen etwas zittrigen Strich unter jene Tage zu ziehen, von denen ich Ihnen früher schrieb. Ich stelle erstaunt fest, daß ich nie bis zu dem Tag voraussah, an dem Tobias groß sein würde. Alleinerziehende Mutter eines Einzelkindes, hatte ich mich auf ihn als meine Lebensaufgabe konzentriert und dabei alles andere vernachlässigt.

Dazu kommt, daß fraglos einiges Selbstmitleid dabei war.

Ich sah mich an einen Job gebunden, der mir zwar keine Mühen macht, aber auch keinen Spaß. Außerdem bin ich sicher, daß viel von der Intensität meiner Gefühle von meinen eigenen schweren Kindheitserlebnissen herrührt. Ich hätte zwei Möglichkeiten gehabt: eine distanzierte Mutter zu sein wie meine eigene, oder die Aufgabe mit Freude anzugehen und dabei mein Kind und mich zugleich zu bemuttern.

Ich bin amüsiert zu sehen, wie der »Muttermodus« immer wieder in versteckter Form hochkommt. Nachdem ich mich nie besonders für meinen Garten interessiert hatte, kann man mich jetzt auf der Erde kniend finden, wie ich Stecklinge pflege. Für mich war es heilsam zu sehen, was die Natur tut. Ich schnitt einen Schmetterlingsstrauch zurück, bis fast zum Boden. Der Frühling kam, doch nichts rührte sich. Er schien wie im Schock dazuliegen, mit zwei kahlen Zweigen, die wie Knochen aus dem Boden ragten. Ich dachte schon, ich hätte ihn umgebracht. Doch dann schien das Leben aus ihm hervorzubrechen, überall kamen grüne Spitzen hervor, die ihre Chance haben wollten.

Eine gute Freundin rief mich vor einer Weile an. Ihre fünf Kinder sind alle erwachsen und ausgezogen, und sie hörte verständnisvoll zu, als ich ihr von meinem Kummer über Tobias' Auszug erzählte. »Es ist dir wahrscheinlich nicht bewußt, Judith«, sagte sie zu mir, »aber derzeit stehst du vor einem weiten offenen Tor. Geh hindurch!» Und tatsächlich habe ich begonnen, mich an der Schwelle zu etwas Neuem zu sehen. Ich fange an, mich daran zu gewöhnen, daß Tobias fort ist. Ich fange an, die Stellung zu wechseln. Der Teil meines Gehirns, der sich plötzlich leer anfühlte, beschäftigt sich damit, Kontakte zu knüpfen, und nun entstehen andere Bilder.

Ein Grund dafür ist der kleine Text, den ich für Sie schrieb. Über eine reine Katharsis hinaus half mir das bloße Schreiben, meinem jüngeren, kreativen Ich die Hand zu reichen und es quer durch die Zeit zu mir hin zu ziehen (Ich dachte schon, es sei gestorben, wie der Schmetterlingsstrauch).

Kinderlose Schriftsteller sagen oft, ihre Bücher seien ihre Kinder. Für mich war es genau andersherum gewesen: All meine Kreativität war in das Großziehen meines Sohnes gegangen.

Tobias ist zur Zeit in Indien. Er hat gerade aus Delhi angerufen, voll mit haarsträubenden Geschichten. Ich möchte ihn niemals mit meiner Einsamkeit, meiner Sehnsucht, meinen Schwierigkeiten, mich daran zu gewöhnen, daß er erwachsen ist, belasten. Das ist nicht sein Problem. Ist nicht das Gewinnen von Abstand von unseren Kindern der letzte schmerzhafte Akt, den wir Mütter vollführen müssen? Wir müssen zusehen, wie sie davonwirbeln, weg von uns in ihr eigenes aufregendes Leben.

Es war eine Hilfe, über all dies zu schreiben und zu wissen, daß ich nicht die einzige bin, die mit alledem Schwierigkeiten hat. Es wird langsam besser.

Mir fiel auf, daß etliche Frauen vom Schreiben sprachen: Wie das reine Beschreiben ihrer Gefühle etwas in ihnen gelöst und sie einen Schritt weiter gebracht hat. Judith stellte fest, daß sie einen großen Schritt weiterkam, nachdem sie mir über ihren Schmerz geschrieben hat. Helen fand, es gebe ihr ihre Identität. Andere Frauen, die an diesem Buch mitwirkten, haben Tagebuch geführt oder Kurzgeschichten oder ausführliche Berichte über ihre Gefühle zu diesem Thema verfaßt. Schreiben hat etwas Befreiendes – nicht unbedingt kommerzielles Schreiben oder Schreiben als Karriere, nicht einmal das Verfassen des Romans, den Sie schon immer schreiben wollten – obgleich ich immer geglaubt habe, daß alles, was man zum Schreiben braucht, der Wunsch ist, es zu tun. Tagebuchschreiben ist sehr kreativ, und jeder kann es tun. Sie können es gestalten, wie Sie wollen – als fortlaufender Bericht über Ereignisse und Gefühle, oder als Collage aus Texten, Zeichnungen, Zeitungsausschnitten, aus notierten Träumen und Phantasien, aus Diagrammen, die Gefühle, Situationen oder Beziehungen beschreiben, aus Symbolen und Farben. Ein Tagebuch ist ein Originaldokument, und je freier Sie es gestalten, desto weiteren Spielraum bietet es für Ihre kreativen Fähigkeiten. Schreiben hilft uns, den Dingen Sinn zu verleihen – oft gewinnt ein Durcheinander in unserem Kopf an Form und Klarheit, wenn es niedergeschrieben wird. Ich kann es jedem nur empfehlen. Suzanne stellte fest, daß es in ihrer Volkshochschule auch einen Kurs über Kreatives Journalschreiben gab. Sie beschloß, daran teilzunehmen, obgleich sie keine Ahnung hatte, was er umfaßte, doch sie spürte instinktiv, daß sie etwas schaffen wollte,

> was mehr war als ein Tagebuch, nicht einfach ein fortlaufender Bericht alltäglicher Ereignisse. Es war wundervoll. Das Journal ist mehr wie eine Karte meines Standortes, mit jedem Aspekt meines Lebens. Es ist ziemlich kompliziert, es enthält einzelne Abschnitte, von denen manche mit anderen zusammenhängen, und das ist, was es so herrlich macht – alles geschrieben und gezeichnet zu sehen, zeigt mir, welche Ereignisse, Gefühle etc. in meinem Leben zusammenhängen – was ich ohne diesen Kurs so vielleicht nie gesehen hätte. Und es ist so hilfreich, zurückzublicken, das Journal von vor einem oder zwei Monaten zu lesen und festzustellen, daß ich wirklich auf einer Entdeckungsreise bin, daß ich mich verändere und in neue Richtungen bewege, über Dinge nachdenke und Dinge unternehme, von denen ich früher nie geträumt hätte. Ich bin heute fast süchtig nach meinem Journal – es ist wie ein geheimer, privater Freund und Ratgeber.

Die Texte liefern den Schlüssel zum letzten Schritt des Akzeptierens und Loslassens. Sie zeigen, daß das wichtigste Element bei unserer eigenen Entwicklung als Frauen, die völlig ganz sind, unsere Kreativität ist. Es ist diese weibliche Kreativität, die wir eingesetzt haben, um zu gebären und unsere Kinder großzuziehen, die uns befähigt, alle unsere Möglichkeiten auszuschöpfen. Judith in ihrem Garten, ganz überrascht, daß sie sich plötzlich für das Heranziehen von Pflanzen interessiert, spricht von sich selbst als im »Muttermodus«. Ich glaube eher, daß sie ihren ärgsten Schmerz durchgestanden hat und nun in Kontakt mit ihrer kreativen Seite kommt. Daher empfindet sie dieses Triumphgefühl beim Austreiben des Schmetterlingsstrauches. In diesem Abschnitt unseres Lebens haben wir die beste aller Welten. Wir haben unsere Kinder und die Erwachsenenbeziehung, die wir mit ihnen aufbauen, und wir haben einen großen Vorrat an Kreativität, die darauf wartet, daß wir sie entdecken. Wir neigen dazu zu glauben, daß wir am produktivsten, am fruchtbarsten sind, wenn wir geboren haben. Doch danach wartet noch mehr auf uns. Die Herausgeberin eines Magazins Janice Bhend formuliert dies stellvertretend für uns alle:

> Jemand hat mich nach der Geburt meines ersten Sohnes gefragt, wie es sich anfühlte, eine Mutter zu sein, und ich erinnere mich, daß ich zur Antwort gab, ich fühlte mich vollständig, so, als habe ich meine Lebensaufgabe erfüllt. Jetzt, wo ich sie tatsächlich erfüllt habe und meine Kinder sicher ins Erwachsenenleben treten sah, werde ich wieder nach diesem Gefühl der Vollständigkeit streben. Viele Frauen glauben, wenn ihre Kinder aus dem Hause sind, daß ihre Lebensgrundlage fort sei, daß sie zu nichts mehr nütze sind. Doch sobald mein Nest erst richtig leer ist, werde ich alles tun, um mich selbst wiederzufinden. Nicht nur jemandes Tochter, jemandes Ehefrau, jemandes Mutter zu sein, sondern eine ganze Person, die noch einiges im Leben vorhat und noch viel zu geben hat.

Das Bild von Judiths Freundin, sie stehe vor einem weiten offenen Tor, sagt alles. Jetzt ist es an der Zeit, hindurchzugehen. Es ist eine aufregende Zeit, voller Versprechungen.

9. Die Frau in der Mutter

In diesem Lebensabschnitt kommt man unweigerlich an Kreuzungen: Es fallen Entscheidungen und Veränderungen an, denn wir haben möglicherweise viel freie Zeit und viel Platz in unserem Leben, im wörtlichen und im emotionalen Sinn. Die beiden wichtigen Ereignisse – Menopause und Auszug der Kinder – führen uns in eine Phase, die heute als »das dritte Alter« bezeichnet wird. Manchen Frauen fällt es schwer, diese Vorstellung zu akzeptieren, denn es ist der Anfang unserer Reise in das Alter, und dieses wird durch den Verlust unserer Fruchtbarkeit und das Ende unseres Bemutterns von Kindern unterstrichen.

In diesem Buch ging es immer wieder um Identität. Frauen, die gerade ihr leeres Nest erleben, sprechen oft von der Ungewißheit hinsichtlich ihrer Rolle – »Ich weiß gar nicht mehr, wer ich bin« ist ein Aufschrei, den ich oft gehört habe. Für einige Zeit fehlt diesen Frauen ihre Selbstdefinition: Sie wissen mit Gewißheit, wer sie bislang waren, können sich aber nicht vorstellen, wer sie sein werden. Das Bekannte und Vertraute loszulassen löst Befürchtungen aus, obgleich es so viel Neues und Aufregendes gibt. In diesem Alter sind Frauen frei, ihre Identität ohne Rücksicht auf irgend jemand anderen zu suchen.

Wenn wir jung sind, sind wir bestrebt, einen Partner zu finden, und bilden uns bis zu einem gewissen Ausmaß nach dem Bild, das diese Person von uns hat – dies ist Teil des Anpassungsbedürfnisses, das Frauen in einer Zeit befällt, in der die meisten sich biologisch getrieben fühlen, einen Gefährten zu suchen. Danach wird unsere Identität stark in Richtung Mutterrolle geprägt. Ich denke hier nicht an jene Frauen, die sich mit ihren Kindern überidentifizieren, sondern wieder an eine biologische Notwendigkeit, nämlich uns in dieser Form mit unseren Kindern in Beziehung zu setzen, wenn sie klein sind.

Nun ist es Zeit für uns, ohne diese Rollen wir selbst zu sein. Allein dazustehen kann Kraft geben, wenn wir das zulassen und wenn wir den Prozeß des Trauerns und des Loslassens unserer alten Identitäten durchlebt und abgeschlossen haben.

Die Frage der Identität, heute vielleicht wichtiger als in jeder anderen Phase unseres Lebens, übt endlose Faszination aus. Sie ist so viel mehr als das, was wir tun, sie ist eng damit verbunden, jemand zu sein. Es geht um jene Person, die wir tief in unserem Innern suchen müssen.

Bei einem Wochenendseminar für Frauen traf ich Claudine, die mir von ihrem lebenslangen Kampf darum berichtete, herauszufinden, wer sie wirklich war, obgleich sie sich dabei nicht bewußt war, daß es das war, was sie tat. Sie wußte nur, daß sie ständig unglücklich war und »es scheinbar nicht richtig hinbekam«. Claudine ist Halbfranzösin und identifiziert sich stärker mit ihrer französischen Seite. Als junge Frau empfand sie ein gewisses Selbstvertrauen aufgrund ihres ungewöhnlichen und auffällig guten Aussehens. Es fehlte ihr nicht an Bewunderern und Aufmerksamkeit, doch das Selbstvertrauen, das sie daraus zog, war unecht. Sie glänzte in Kunst und ging mit 18 nach Paris auf die Kunsthochschule. Wie erwartet, war sie zunächst erfolgreich, und man sagte ihr eine große Karriere voraus, doch an der Kunsthochschule ging etwas schief. Sie entwickelte Eßstörungen und andere emotionale Probleme und war oft schwer depressiv. Sie fand einen »Retter« in Gestalt eines ihrer Lehrer, der sich in sie verliebte. Er bat sie, ihn zu heiraten, und Claudine konnte dem Gedanken an eine derartige Sicherheit nicht widerstehen, obgleich ihr klar war, daß sie ihn nicht liebte. Sie heiratete ihn, gab aber ein Jahr vor dem Abschluß ihr Studium auf.

Claudine hatte drei Kinder und widmete sich ganz dieser Aufgabe. Ihre Ehe war nicht glücklich, doch sie hielt an ihr fest. Als ihre Kinder älter wurden und ihr Mann sich zunehmend von ihr entfremdete, entwickelte sie ein starkes Bedürfnis nach etwas Eigenem, mit dem sie sich identifizieren konnte. Sie begann wieder zu malen, fanatisch, wie besessen, und ihre Unzufriedenheit stieg. Sie fühlte sich in doppelter Hinsicht als

Versager – weil sie ihr Studium nicht abgeschlossen hatte und weil ihre Malerei zwar von objektiven Kritikern für gut befunden wurde, aber ihren eigenen Ansprüchen nicht genügte. Claudine haßte die Malerei inzwischen und empfand ihre Persönlichkeit als gespalten. Sie tat zwar das, wofür sie talentiert war, doch es gab ihr nichts, und sie begriff den Grund nicht. Ihre innere Unzufriedenheit und das Gefühl des Unglücklichseins standen im Widerspruch zu der Art, in der die Außenwelt sie wahrnahm. Claudine war beliebt und wurde bewundert. Sie hatte drei großartige Kinder und einen respektierten Mann. Sie hatte eine oder zwei erfolgreiche Ausstellungen, die ihre soziale und professionelle Stellung stärkten. Es half nichts. Sie fühlte sich, wie sie sagte, als »Niemand« und sah sich noch immer als Versager, trotz aller Anzeichen des Gegenteils.

Als ihr ältestes Kind kurz vor dem Schulabschluß war, entschied sich Claudine für einen klaren Schnitt. Sie verließ ihren Mann und ihre unglückliche Ehe und ging nach England zurück. Als ihre beiden älteren Kinder studierten, entschied sie sich für eine Therapie, um herauszufinden, was sie blockierte und warum sie innerlich noch immer so unzufrieden und unglücklich war. Zu ihrer Überraschung schlug ihr die Therapeutin vor, das Malen aufzugeben, und fragte, ob es keine andere Richtung gebe, in die Claudine sich gezogen fühlte. Nein, sagte Claudine, sie sei immer gut in Kunst gewesen, jeder hätte gesagt, sie werde einmal malen, und das könne sie auch, nur empfinde sie dabei keine Befriedigung. Wenn sie sich doch nur damit identifizieren könnte! Nach all diesen Jahren fühle sie sich in ihrer Rolle als Malerin fremd. Lassen Sie es los, sagte die Therapeutin; und warten Sie, ob irgend etwas an seine Stelle tritt. Also hörte Claudine auf zu malen und verspürte ein unglaubliches Gefühl der Freiheit und der Erleichterung. Sie wollte nie wieder einen Pinsel anrühren, obgleich sie das auch sehr ängstlich machte. Ihre Kinder waren erwachsen. »Ich dachte, wenn ich nicht male«, sagte sie mir, »wer bin ich dann? Die Malerei hat mich fast verrückt gemacht, doch sie war das, was ich immer konnte und wonach mich die Welt – noch dazu positiv – beurteilte. Doch ich mußte auf meine Therapeutin hören, denn ich merkte, daß die Malerei mir die Lebensenergie aussaugte und das schon seit Jahren getan hatte.«

Während dieser Wartezeit begann Claudine ihre Identität als Mutter und als Malerin in Frage zu stellen. Ihr drittes und letztes Kind ging aus dem Haus, und sie fühlte sich wie in einer Krise. Sie erzählte mir: »Es war wie in einem großen schwarzen Nichts, einem finsteren Tunnel. Ich konnte das Licht an seinem Ende nicht sehen, ich sah auch nicht, wohin ich ging. Ich wußte nicht, wie ich den Leuten erklären sollte, daß ich nicht malte, und ich war stark versucht, wieder damit anzufangen, weil es etwas war, was ich konnte.« Doch Claudines Therapeutin sagte wieder: »Warten Sie noch«, und sie wartete. Ein Jahr verging, ein weiteres. Sie hatte freie Zeit. Sie suchte sich einen Teilzeitjob.

Er machte ihr Spaß, doch sie wußte, daß das nur ein Teil der Wartezeit war. Inzwischen lernte sie in der Therapie mehr über sich selbst, gewann Einsichten in ihr früheres Unglücklichsein, ihre Eßstörungen und ihre Suche nach einer Vaterfigur in Gestalt des Lehrers, den sie geheiratet hatte.

Claudine bemerkte irgendwann, daß sie nicht nur sehr viel von dieser Therapie profitierte, sondern daß der Prozeß selbst sie zunehmend faszinierte. Sie stellte fest, daß sie die Art und Weise analysierte, in der die Therapeutin den Weg zu verborgenen Themen fand, wie sie Claudine half, Knoten zu lösen, ohne direkte Ratschläge zu geben. Sie begann, Vorlesungen über Psychologie zu besuchen, und gelangte allmählich mit einer nie zuvor gespürten Sicherheit zu der Erkenntnis, daß es dies war, was sie mit ihrem Leben anfangen wollte. Als ihre eigene Therapie zu Ende war, machte sie die Ausbildung und ist heute eine qualifizierte praktizierende Psychotherapeutin. Sie ist mehr als glücklich, sie ruht völlig in sich selbst. Es ist so, sagt sie, als habe sie in ihrem ganzen Leben neben sich gestanden. Und ein unerwarteter Nebeneffekt – sie hat wieder angefangen zu malen. Jetzt macht es ihr Spaß, und ihr Stil hat sich völlig verändert; er spiegelt jetzt, glaubt sie, die Person, die sie eigentlich sein sollte, und nicht mehr die Person, die sie versucht hatte zu sein.

Claudines Geschichte hat mich deshalb fasziniert, weil sie zeigt, daß die Person, die wir werden, wenn unser Blick ungetrübt ist und wir nicht ständig andere voranstellen, nicht unbedingt dieselbe ist wie die, die wir vorher waren. Die Frau in der Mutter zu finden heißt, Schichten von Konditionierung und Vermutungen abzutragen. Bei Claudines Talent und ihrem Erfolg als Malerin schien klar, daß das der Schlüssel dazu war, wer sie *war*. Tatsächlich jedoch war es das, was sie *tat*.

In Claudines Fall war die Geschichte recht dramatisch, denn ihre »falsche Identität« führte zu so viel Verwirrung und Unglücklichsein. Doch immer mehr Frauen vollführen in der Midlife-Phase einen Richtungswechsel. Wir haben die Zeit, zurückzutreten und unsere Lebensweise zu betrachten, und wir sind oft überrascht von dem, was wir entdecken; daß die Karriere oder Lebensweise, die uns bislang scheinbar befriedigt hat, es nicht mehr tut. Nicht, daß unsere ursprüngliche Entscheidung falsch war – meist war sie damals für uns sinnvoll oder richtig. Doch in dieser Phase machen viele Frauen eine große Wandlung durch – der »Wechsel« heißt nicht nur so, weil wir aufhören zu menstruieren. Unsere Blickwinkel verändern sich, wir verändern uns. Ich glaube, daß wir bewußt oder unbewußt über unser Leben zurückblicken und jene Teile von uns selbst sehen, die wir nie erfüllt haben. Der Übergang in dieses neue Leben ist nicht immer leicht. Claudine ist nicht die einzige Frau, die von der Dunkelheit jener Phase sprach. Wenn unsere Kinder aus dem Haus sind und wir uns auf diesen neuen, unverplanten Lebensabschnitt zubewegen, kann uns zunächst unklar sein, was wir darin sollen.

Manchmal muß es etwas Abstand geben, eine Periode der Leere, in der wir uns fragen: »Was fange ich mit dem Rest meines Lebens an?« Das ist wie die Ruhe der dunklen Erde im Winter. Nichts bewegt sich, doch darunter warten Samen, Knollen und Zwiebeln auf den Frühling. »Wenn du dich so fühlst, bleib dabei«, sagte meine Therapeutenfreundin Ruth. »Stürz dich nicht in Aktivität, nur um irgendwas zu tun. Laß dir Zeit, in dich hineinzuhorchen, um zu erfahren, wofür du geschaffen bist.« Das klingt richtig und erklärt vielleicht, warum viele Frauen, die nach dem Auszug ihrer Kinder einen Job annahmen oder ihren Hobbies nachgingen oder sich in karitativen Organisationen engagierten, das Gefühl hatten, diese Dinge halfen nicht, die Lücke zu füllen. Sie hatten sich in Übersprungshandlungen gestürzt, die ihre Zeit, nicht aber ihren Geist, ihr Herz oder ihre Seele ausfüllten. Wir dürfen nicht vergessen, daß wir uns entwickeln und daß dies kein sofortiger Prozeß ist.

Manche Frauen haben Glück. Ich denke an Gillian, die ihr Studium abschloß und gleich danach heiratete und Kinder bekam. Sie blieb 18 Jahre lang bei ihren Kindern zu Hause, glücklich, eine Vollzeit-Mutter zu sein, im Bewußtsein, daß ihr wissenschaftliches Potential verwirklicht werden würde, wenn die Zeit dazu gekommen wäre. Als es soweit war, drängte es Gillian zu schreiben. Sie wurde eine erfolgreiche Journalistin auf Freier-Mitarbeiter-Basis und publizierte ein Buch. Sie verspürte tiefe spirituelle Bedürfnisse und bekehrte sich zur russisch-orthodoxen Kirche. Heute ist sie deren Generalsekretärin für Großbritannien. Und sie ist in ihrer Beziehung mit ihrem Mann sehr glücklich, die zu einem wesentlichen Bestandteil ihres Lebens wurde.

Gillian erkannte den unerfüllten Teil ihres Selbst, sogar, sagt sie, ein Schuldgefühl wegen der Vergeudung ihrer universitären Ausbildung. Sie wußte, sie würde sie rechtzeitig verwenden, doch sie wußte nicht, in welcher Form das sein würde. Ihr Schreiben und ihr Bedürfnis nach Spiritualität fielen zusammen – ihr Buch ist eine Sammlung von Reflektionen über das Matthäusevangelium. Sie hat ihren Platz in der neuen Ordnung der Dinge gefunden: »Da draußen wartet eine Menge Leben, und meine Zeit ist gekommen.«

Ellen lernte ich bei den Recherchen für dieses Buch kennen. Sie arbeitete als Steuerberaterin, und als ich sie kennenlernte, brachte ich ihren Beruf kaum in Übereinstimmung mit dieser lebhaften, warmen und kreativen Frau, die bald zu einer Freundin wurde. Ich wußte, sie war beruflich erfolgreich und hatte gute Beziehungen zu ihren Kunden. Eines Tages erzählte sie mir, sie hasse ihren Job und habe im Laufe des letzten Jahres festgestellt, daß sie Journalistin sein wollte. Ein paar kleinere Texte von ihr waren bereits in einem kleineren Handelsmagazin veröffentlicht worden, doch sie wollte den Beruf wechseln. Ich riet zur Vorsicht. Journalismus ist ein tückischer Beruf, schwankend, unsicher und mit hohem Konkurrenzdruck. Ellen war faszinierend. Sie hatte sich selbst auf eine innere psychologische und spirituelle Reise begeben, um die Frau in ihrem Innern zu finden, und hatte eine Menge darüber gelernt, warum sie die Person geworden war, die sie war. Sie wollte immer ihren Eltern gefallen, deren Liebe gewinnen, und selbst in mittleren Jahren war sie in eine ambivalente Beziehung zu ihnen verstrickt, in der Vater und Mutter ihre Liebe und ihre Billigung ganz nach Laune gaben oder entzogen. Ihr wurde bewußt, daß sie ihrem Vater zuliebe Steuerberaterin geworden war – es war auch sein Beruf gewesen. Ihre ersten Schreibversuche mißfielen ihren Eltern, und zunächst konnte sie nicht verstehen, warum. Sie begann klar zu sehen, welche Aspekte von ihr auf Billigung stießen und welche auf Ablehnung, und stellte fest, daß sie ihr Leben lang nach der Pfeife ihrer Eltern getanzt hatte. Sie billigten Mutterschaft, daher war sie dort sicher. Doch sie wußte, um die wahre Ellen zu finden, werde sie durch den schmerzhaften Prozeß der emotionalen Abnabelung gehen müssen.

In den zwei Jahren, seit ich sie kenne, habe ich an Ellen phänomenale Veränderungen beobachtet. Ich sah ihr Selbstvertrauen wachsen und sah sie ein Selbstgefühl entwickeln, das zuvor gefehlt hatte. Und trotz meiner Warnungen und wider jede Wahrscheinlichkeit schaffte sie es als Journalistin. Sie schreibt täglich für eine landesweit erscheinende Tageszeitung und verfaßt Features für ein Frauenmagazin, das wöchentlich erscheint – ein recht kometenhafter Aufstieg in diesem Beruf. Ihre Eltern anerkennen ihren Erfolg keineswegs, und das war für Ellen sehr schmerzlich. Sie lesen nie, was sie schreibt, und wenn sie Begeisterung oder Aufregung zeigt, bekommt sie zu hören, sie hätte bei den Steuern bleiben sollen. Doch Ellen ist die Frau geworden, die sie werden sollte. Ich merkte das, als sie mir erzählte, sie sei losgezogen und habe sich eine teure Chanel-Handtasche gekauft. Die frühere Ellen hätte sich selbst nie eine solche Sache gegönnt – sie gab alles den Kindern und ihren Eltern. Jeder andere kam für sie zuerst.

Ich glaube nicht, daß wir diesen schlafenden Teil von uns finden können, solange unsere Kinder zu Hause sind. Ihr Auszug befreit uns und ermöglicht uns wichtige Entdeckungen über uns selbst. Diese psychologische Reise, um die Frau in der Mutter zu finden, ist ein wesentlicher Teil dieser Veränderung, auch wenn sie sich bei den meisten Frauen schrittweise und spontan, oft auch unbewußt vollzieht. Sie muß nicht immer eine gezielte Suche sein wie bei Claudine und Ellen.

Wenn ich mich unter meinen Freundinnen und Kolleginnen im dritten Lebensalter umsehe, stelle ich fest, wie stark wir uns alle verändern. Ich habe gerade einen Brief von der Frau bekommen, die in der Schule meine beste Freundin war und die im Erwachsenenalter zu einer engen Freundin wurde. Ihre Kinder arbeiten, und sie selbst hat viele Jahre lang ganztags gearbeitet. Ich weiß noch, wie überrascht ich in der Schule war, daß Celia nicht studieren wollte – ich war sicher, sie würde es tun. In ihrem Brief schrieb sie voller Freude, daß sie nun einen Studiengang belegt habe. »Ich habe mir schon immer einen Titel gewünscht«, sagte sie. Celia hat dieses unerfüllte Stückchen von sich selbst erkannt und integriert.

Nicht jeder strebt nach akademischen Graden oder wechselt den Job oder macht die Ausbildung für einen neuen Beruf, wenngleich ich glaube, daß es signifikant ist, wie viele Frauen in dieser Zeit in ihrem Berufsleben ruhelos werden und in sich hineinschauen, um herauszufinden, was sie wirklich wollen. Die Bandbreite an Studienlehrgängen und Universitätsabschlüssen birgt aufregende Auswahlmöglichkeiten, und ältere Studenten sind heute weitgehend akzeptiert. Es gibt Möglichkeiten für Wiedereinsteigerinnen in den Beruf und für Umsteiger. Frauen in den Fünfzigern machen sich selbständig und tun etwas, was sie wollen, was sie lieben, und sie führen es zum Erfolg. Nichts kann uns aufhalten.

Die Suche nach Ganzheit ist eine Sache des Instinkts; wir streben danach, wie ich glaube, um in uns vollständig zu werden, ehe wir sterben. Genauso, wie es keinen Übergangsritus für das Ende unserer Zeit der aktiven Mutterschaft gibt, gibt es auch keinen Ritus für unseren Übergang in dieses letzte Drittel unseres Lebens. Wir schaffen es für uns selbst, ohne zu wissen, daß wir es tun. Und so, wie unsere Beziehungen zu unseren Kindern sich verändern und verschieben, so verändern sich auch unsere Beziehungen zu anderen. Dies ist besonders auffällig, wenn es um Freundschaften mit anderen Frauen geht. Mehrere Frauen erzählten mir, daß sie ihre Freundschaften neu bewertet und festgestellt haben, daß sie manchen Leuten entwachsen waren, die sie mehr aus Gewohnheit und Vertrautheit als Freunde betrachteten. Freundschaft kann wie eine Ehe sein – Sie können jahrelang gut miteinander auskommen und dennoch eines Tages feststellen, daß Sie sich nichts mehr zu sagen haben, weil Sie sich beide verändert haben. Was tun Sie? Gewiß lassen Sie Ihre Freunde nicht einfach fallen? Katherine schrieb mir und schilderte, wie dies ein Teil der vielen Veränderungen war, die sie in ihrem Leben vornahm:

> Mit 50 wußte ich, daß ich mein Leben vollständig und radikal ändern wollte. Es war keine leichte Entscheidung, denn es bedeutete, meinen Mann zu verlassen, was schmerzhaft, aber richtig war, und gegenüber meinen Söhnen hart durchzugreifen. Tatsächlich warf ich sie hinaus (nachdem ich dafür gesorgt hatte, daß sie eine Unterkunft hatten), weil sie nicht von ihrem Hinterteil hochkommen und etwas mit ihrem Leben anfangen wollten. Jetzt haben beide gute Jobs. Ich arbeite ganztags und bekomme ein gutes Gehalt, daher habe ich mir ein kleines Landhaus gekauft. Ich wollte nicht mehr völlig abhängig sein von meinem Mann. Mir wurde klar, daß ich alles, was ich bisher gemacht hatte, einschließlich meiner Heirat mit diesem Mann und meiner Berufsausbildung, nur deshalb gemacht hatte, weil andere es von mir erwarteten. Mit 50 entschloß ich mich sehr spät zur Rebellion! Ich hasse meine Arbeit – ich

bin Pflegeschwester, und das Pflegen hat mir immer Spaß gemacht, aber ich halte das neue System nicht aus. Es ist nur noch Papierkram, und ich werde aufhören, doch ich weiß noch nicht, was ich tun werde. All diese Veränderungen wirken ziemlich überwältigend, und manchmal bin ich verzagt. Was mich bei der Stange hält, ist das Wissen, daß ich das Richtige tue. Ich fühle mich schwankend und unsicher – doch mehr ich selbst als je zuvor.

Es ist wie ein echter Frühjahrsputz – und das andere, was sich geändert hat, sind meine Freundschaften. Das klingt sehr berechnend, doch nach meinem Umzug ging ich meine Freundinnen einzeln durch und beschloß sehr bewußt, einige von ihnen aus meinem Leben verschwinden zu lassen. Ich hatte mich so verändert und fand, daß mich mit einigen dieser Frauen nichts mehr verband. Wir hatten unsere guten Zeiten, wir hatten Dinge gemeinsam, wie das Großziehen unserer Kinder, doch ich bin ihnen entwachsen. Mein Kriterium war: Wenn ich diese Person heute kennenlernen würde, würden wir dann Freundinnen werden? – Und wenn die Antwort nein lautete, beendete ich die Freundschaft. Ich kenne noch mehr Frauen, die genauso über Freundschaften dachten – ich glaube, das ist nicht so selten, schließlich verändern wir uns, wenn wir älter werden. Eine oder zwei Frauen sagten, sie hätten die Dinge einfach laufen lassen, von sich aus keinen Kontakt mehr gesucht oder hätten keine Zeit mehr gehabt, doch ich fand, das war nicht ehrlich. Also erklärte ich ihnen in einem Brief, falls sie weit weg wohnten, oder nach Möglichkeit ins Gesicht, daß ich fand, unsere Freundschaft habe sich überlebt, und daß ich mich zwar immer über sie freuen werde, aber das Gefühl habe, wir hätten nicht mehr genug gemeinsam. Das war recht schmerzhaft, doch keine reagierte darauf feindlich. Ich glaube, wenn ich das so empfand, standen die Chancen gut, daß sie dasselbe spürten, und vielleicht waren sie froh, die Sache offen zu beenden. Das klingt hart, aber das Leben ist zu kurz, um sich mit Menschen oder Dingen zu befassen, die nicht wirklich wichtig sind.

> Dann folgte eine schreckliche Zeit, in der ich mich völlig haltlos fühlte. Ich hatte alles zurückgelassen, was mir einmal vertraut gewesen war, und hatte mich von alten Freunden getrennt. Dann sagte mir jemand: »Es wird gut werden, denn wann immer es einen Freiraum gibt, kommt etwas, das ihn füllt«, und ich dachte, ja, die Natur verabscheut ein Vakuum! Ich ging in Frauengruppen und begann ein paar Kurse, und natürlich lernte ich Leute kennen. Und einige davon wurden Freunde, echte Freunde.

Ich vermute, die meisten von uns hätten nicht den Mut, ihren Freunden so ehrlich zu begegnen wie Katherine. Meist lassen wir den Kontakt einfach einschlafen, wie gut unsere Absichten auch sein mögen. Es stimmt, daß viele Freundschaften, die wir in jüngeren Jahren eingehen, durch gemeinsame Kinderbetreuung oder andere Gemeinsamkeiten zustandekommen. Ich habe den Kontakt zu vielen derartigen Freundinnen verloren, aber die Freundschaften, die ich in den letzten Jahren knüpfen konnte, sind stärker als die meisten anderen. Ich habe ein paar sehr enge, sehr alte Freunde, die wirklich etwas Besonderes sind – eine gemeinsam erlebte Geschichte ist ein starkes Band. Die Entdeckung der Wichtigkeit von Freundschaften ist ein weiterer Teil dieser Reise. Ich bin mir heute bewußter als in irgendeiner anderen Phase meines Lebens, wieviel mir meine Freunde bedeuten und was für eine unendlich kostbare Sache echte Freundschaft ist. Ich weiß, daß andere Frauen in diesem Lebensabschnitt dieses Bewußtsein teilen. Wenn unsere Kinder aus dem Haus sind, sind wir weniger stark auf unsere Familie fixiert – wir haben genug Freiraum, um in anderen Beziehungen mehr zu empfangen und mehr zu geben. In *Ourselves Growing Older* (Wir werden älter) heißt es:

> Uns allen, gleich welchen Familienstandes und welcher sexuellen Neigung, geben Freundinnen die Unterstützung und die Kontinuität, die uns befähigen, neuen Herausforderungen zu begegnen und mit den Veränderungen und Verlusten, vor denen wir in der zweiten Lebenshälfte stehen, fertig zu werden. Mit diesem Bewußtsein lernen immer

mehr von uns, ihre Freundschaften als lebenslange Beziehungen zu betrachten, an denen man arbeiten und die man pflegen muß wie eine Familie.

Wenn wir mehr über diese Frau in uns herausfinden, kann es sein, daß wir stärker spirituell und philosophisch werden. Damit meine ich nicht unbedingt religiös, obwohl das für manche ein Teil des Prozesses sein kann. Auch dies halte ich für eine Instinktfrage. Wir haben die materiellen, intellektuellen und emotionalen Aspekte des Lebens erfahren, und auch wenn viele Frauen damit eine religiöse oder spirituelle Komponente verbunden haben, wird in diesem Alter vielfach weitergehend gefragt und gesucht. In Kapitel 5 habe ich geschildert, wie ich dazu kam, meinen Katholizismus zu hinterfragen und neu zu bewerten. Beides ist sinnvoll – sowohl etwas Vertrautes, das vielleicht bereits abgenutzt ist, mit einem frischen Blick zu betrachten, als auch neue Wege zu erkunden. Manche Frauen haben mir gegenüber darauf bestanden, daß sie in ihrem Leben kein spirituelles Element benötigen. Ich würde das allein deshalb in Frage stellen, weil wir alle aus Körper, Geist und Seele bestehen. Wir können nicht einen Teil von uns auslassen, wenn wir Ganzheit suchen. Spiritualität muß keinen klaren Weg gehen. Sie kann bedeuten, was immer wir daraus machen; sie ist vollkommen persönlich.
Die Kraft der Veränderungen, die in diesem Lebensabschnitt stattfinden können, wurde mir von meiner Freundin Caroline vorgeführt. Sie war eine strenge Katholikin, die fest an die Lehren der Kirche zu allen Bereichen glaubte. Sie ließ keine Messe und keine Beichte aus. Niemand diskutierte je mit ihr über Katholizismus, denn für sie war er gegeben. Es gab nichts zu diskutieren. Sie zog aus der Gegend weg, kurz nachdem das jüngste ihrer Kinder aus dem Haus gegangen war, und ich sah sie zwei Jahre lang nicht. Vor kurzem trafen wir uns zum Mittagessen, als sie geschäftlich hier zu tun hatte. Während unseres Gesprächs erzählte sie mir, daß sie aus der Kirche ausgetreten sei. Das war für mich, als sei Margaret Thatcher aus der Partei der Tories ausgetreten – der Überraschungseffekt der

Nachricht konnte nicht größer sein. Irgend etwas – Caroline wußte nicht, was; es war unspezifisch – hatte sie dazu gebracht, heftig über die Kirche nachzudenken, und ganz allmählich war ihr gedämmert, daß sie eigentlich nichts davon glaubte. Es war eine Mischung aus übernommenen Lehren, Anpassung und Indoktrination und bereits seit ihrer Kindheit Teil ihres Lebens und daher, wie sie geglaubt hatte, ein integraler Teil von ihr. Sie war sich nicht einmal sicher, ob sie an Gott glaubte. Seit ihrem Austritt hatte sie viel gelesen, alle Arten spiritueller Texte von Buddhismus bis New Age, und sich allmählich eine eklektische Spiritualität ohne bestimmten Kern erworben. Nie wieder, sagte sie, wolle sie irgend etwas mit organisierter Religion zu tun haben. Sie glaubte, es sei eine Form der Unterdrückung, ein Unterwerfen des Willens und der Unabhängigkeit der Menschen.

Sie hätten Caroline kennen müssen, um das Ausmaß dieser Kehrtwende zu ermessen. Sie *war* zu gut, um wahr zu sein – sie war nicht real. Doch nun hat sie die Schichten aufgesetzten Glaubens und Verhaltens abgelegt und wird ihr wahres Selbst. Die Aufgabe ihres demütigen, widerspruchslosen Gehorsams der Kirche gegenüber ließ sie nach anderen Wahrheiten auf anderen Gebieten des Lebens suchen. Solange eines ihrer Kinder noch zu Hause war, hätte sie nie an etwas Derartiges gedacht, denn sie hat die Kinder im Glauben erzogen und in der Hoffnung in die Welt geschickt, daß ihr Glaube intakt sei.

Ich sehe diese Veränderungen, die allmählich in mir selbst und meinen Freundinnen stattfinden, und finde das aufregend. Es gibt so viel zu entdecken, und in diesem Alter haben wir endlich das Vertrauen, uns zu ändern, ohne irgend jemandem gefallen zu müssen. Und dieser Prozeß bringt uns unseren Kindern einen Schritt näher – sie brauchen uns so, daß wir wir selbst sind, und sie heißen unser Auftreten in neue Richtungen gut, denn genau das tun sie auch. Gillian erzählte mir von einer spontanen Rucksacktour, die sie und ihr Mann durch Südamerika unternahmen. Erst mitten im Dschungel wurde ihnen bewußt, daß niemand wußte, wo sie waren. »Ich glaube, die Kinder sind heimlich erstaunt, plötzlich ungehorsame Eltern zu haben«, sagte sie. »Aber sie respektieren uns. Und ich glaube, sie sind ein bißchen neidisch. In ihrem Lebensabschnitt kann es in der Welt ganz schön ernst zugehen!«

Fünfzig und darüber

Der fünfzigste Geburtstag ist für beide Geschlechter bedeutsam – die Feststellung, daß wir bereits ein halbes Jahrhundert leben, ist ziemlich schrecklich. Er ist auch eine Art Halbzeit-Marke – bei der gestiegenen Lebenserwartung von Frauen gibt es heutzutage viele Neunzigjährige. Doch 50 erinnert uns auch an unsere Sterblichkeit und macht uns bewußt, mit welch alarmierender Geschwindigkeit unser Leben vorbeigegangen ist. Frauen mit 50 tragen meßbare, erkennbare Anzeichen, daß sie dieses Alter erreicht haben, während Männer unverändert bleiben, abgesehen von ergrauenden Haaren und einer breiteren Taille. Wie jede Frau weiß, wird hier mit zweierlei Maß gemessen – die grauen Haare meines Mannes werden als »distinguiert« bewundert, und man gratuliert ihm, daß er zugenommen hat – das läßt ihn »solide« wirken, was offenbar etwas Gutes ist. Der »Speck der mittleren Jahre« ist bei beiden Geschlechtern eine natürliche Folge des Älterwerdens, doch Frauen stört er, und viele versuchen abzunehmen. Das ist nicht nur vergeblich, sondern das Kilo oder zwei, das viele Frauen in dieser Phase zunehmen, erweist sich als gesundheitlicher Vorteil.

Viel zu lange wurde die alternde Frau von der Gesellschaft und den Frauen selbst schlecht gemacht, die den Prozeß so sehr fürchten, daß viele von ihnen unter unendlichen Mühen versuchen, sich selbst und dem Rest der Welt weiszumachen, daß sie ihm entgehen könnten. Die Häufigkeit chirurgischer Operationen, insbesondere das Liften der Gesichtshaut, steigt so rasch, daß diese Art Operation in gewissen Kreisen ebenso routinemäßig durchgeführt wird wie eine Zahnbehandlung oder ein Frisörbesuch. Eine Bekannte von mir, die früher scharfe, fuchsartige Züge besaß, ist mit 50 attraktiver, als sie es vor 20 Jahren jemals war. Ihre Züge haben sich aufgefüllt und abgerundet – doch sie erklärt mir, es sei Zeit für ein Lifting. Wozu? wollte ich wissen. Weil sie 50 Jahre alt ist, sagte sie, und die Dinge müßten etwas gestrafft werden. Sie ist das Opfer der Gehirnwäsche einer Kultur, die behauptet, gutes Aussehen sei untrennbar von jugendlichem Aussehen.

Das ist natürlich eine Entscheidung, die uns offensteht. Wir können uns für eine Hormonsubstitution entscheiden und wie Mrs. Thatcher aussehen, künstlich blondiert mit fast 70, oder wie Joan Collins oder Cher, die beide wieder so neu geschaffen wurden, daß die ursprüngliche Frau dahinter völlig verschwunden ist. Wir könnten uns, hätten wir das Geld dazu, dafür entscheiden, so auszusehen wie Cindy Jackson, deren lebenslanges Bestreben es war, wie eine Barbiepuppe auszusehen, was ihr mit zahlreichen kosmetischen Operationen auch gelungen ist. Aber wollen wir wirklich aufhören, echte Frauen zu sein? Wie können wir unsere wahre Identität finden, wenn wir zu leugnen versuchen, daß wir älter werden? Wer genau ist die Frau in dem neugeschaffenen Körper, der sagt: »Ich bin 35«, und mit der Erfahrung und den Jahren einer Fünfzigjährigen? Das ist ein Widerspruch, ein Paradox.

Welches Recht, so dürfen Sie fragen, habe ich, auf diesem Gebiet Ratschläge zu erteilen? Gar keines. Es ist schwierig, zu wagen, man selbst zu sein, in einer Gesellschaft, in der das Aussehen eine so große Rolle spielt. Ich verstehe die Gefühle einer Frau, die ihre grauen Haare vor ihrem 60. Lebensjahr färbt. Doch wenn wir das gesellschaftliche Spiel mitspielen und als Vorbilder Frauen wählen, die 20 Jahre jünger aussehen, als sie sind, verleugnen wir dann nicht den Charme und die Kraft der älteren Frauen? Sollten wir nicht das Recht einfordern, unseren Platz in der Gesellschaft einzunehmen, ohne etwas aus uns zu machen, für das wir nie vorgesehen waren? Die Suche nach Identität wird durch eine Diskrepanz zwischen Geist und Körper erschwert.

Ich sehe mich nach Vorbildern fürs Altern um, und was ich finde, freut mich. Meine Freundin Ruth, die Psychotherapeutin, ist 75, klug, heiter, schön, eins mit sich selbst, ständig begierig, etwas Neues zu lernen, körperlich und geistig beweglich. Dann ist da Nancy, die gerade ihren 80. Geburtstag gefeiert hat und so voller Lebensfreude ist, daß sie mich manchmal beschämt. Nancys Geheimnis lautet, es gibt nichts, für das sie sich nicht interessiert. Sie findet Schönheit und Wert in allem. Sie liest begierig aus großem Wissensdurst, und ihr Intellekt ist heute vielleicht schärfer als vor 50 Jahren. Sie besucht Kurse zu allen möglichen Themen von Schauspiel bis zu Mystizismus und besucht Theater, Konzerte und Versammlungen aller Art.

Vor einem Jahr hatte Nancy mitten in der Nacht einen akuten Herzanfall. Sie rief mich an, um mir davon zu berichten, als sie aus dem Krankenhaus zurück war. Es war so aufregend, sagte sie, denn sie wußte, daß sie sehr bald die Antwort auf das größte Geheimnis von allen kennen würde. Ob sie sich nicht gefürchtet hatte, wollte ich wissen. O nein! sagte sie. Sie konnte es kaum erwarten zu sehen, was auf der anderen Seite war. So aufgeregt war sie, daß sie ihre beste Freundin anrief, die verständlicherweise erschüttert war, Nancy um vier Uhr früh nach Luft schnappen zu hören – »Aber ich wollte ihr alles genau erzählen«, sagte Nancy. Ihre Freundin rief einen Krankenwagen an, und Nancy machte sich, wie sie glaubte, auf ihre letzte Reise. Doch dann, sagte sie, wurde ihr klar, daß sie noch nicht sterben konnte. Sie hatte noch viel zu tun und noch mehr zu lernen. Also beschloß sie – nicht ohne Bedauern –, den Schleier noch nicht zu lüften. Sie erholte sich schnell im Krankenhaus, womit sie die Ärzte erstaunte, jedoch nicht sich selbst. Sie wußte, daß sie das zu Ende bringen mußte, weswegen sie hier war. Nancy hat die schönste Gabe überhaupt – Liebe zum Leben verbunden mit einer völligen Akzeptanz des Todes. Sie findet die Aussicht immer noch aufregend und ist bereit dazu, wenn es soweit ist.

Margaret ist 90. Sie macht ihrer 64jährigen Tochter Sorgen, weil sie Tag und Nacht in ganz London mit öffentlichen Verkehrsmitteln unterwegs ist. Ihre Tochter bittet sie, ein Zugeständnis an ihr Alter zu machen und mit dem Taxi zu fahren, doch Margaret will davon nichts hören. Öffentliche Verkehrsmittel sind gut genug für alle anderen, also auch für sie.

Eines der anregendsten Bücher. die ich zum Thema Altwerden gelesen habe, ist *Growing Old Disgracefully* (Alt werden mit Schimpf und Schande), das von einer Gruppe von sechs Frauen geschrieben wurde, die sich selbst The Hen Co-op nennen. Dieses Buch ist ein Patchwork aus Geschichten und Gedanken, von Frauen zusammengesetzt, die die üblichen Ansichten übers Altwerden in Frage stellen wollten. Sie haben sich sehr sorgfältig überlegt, worum es in ihrem Buch gehen sollte, und haben die vorhandene Literatur genau geprüft. Die Frauen wollten nicht, daß es in ihrem Buch um außergewöhnliche Frauen gehen sollte wie die Reichen und Berühmten, denen man ihr Alter nicht ansah. Und auch die »Ich bestieg den Mount Everest an meinem 83. Geburtstag«-Typen sollte es nicht behandeln. Vorbildlich, ja, doch aus dem einzigen Grund im Rampenlicht, weil sie sich von der Masse abheben. Was fehlte, war die Stimme von Frauen wie uns. Selbst britische Feministinnen, die unser Verständnis für Frauen auf so vielen Ebenen bereichert haben, hatten über alternde Frauen nur sehr wenig zu sagen.

Also schrieben sie über sich selbst und erzählten ihre eigenen Geschichten, Geschichten von gewöhnlichen Frauen, die älter werden. Sie schrieben dieses Buch, um zu zeigen, daß »das Leben viel aufregender, freudvoller und erfüllender sein kann, wenn Sie Konventionen hinter sich lassen und beginnen, die zu sein, die Sie sein wollen«.

Die zu sein, die wir sein wollen, ist das Wesen der Suche nach der Frau in der Mutter. Wir haben so viel zu feiern und Grund zur Freude: neue Richtungen und Interessen, vertiefte Beziehungen zu unseren erwachsenen Kindern und Enkeln. Und wenn wir Glück haben, wird uns eine Reise durch dieses dritte Lebensalter anregen, stärken und bereichern. Erst in dieser Phase unseres Lebens können wir alles haben.

Unsere Kinder mögen fortgehen, doch wir werden sie nie verlieren. In diesem Jahr schrieb mir meine jüngere Tochter zum Muttertag folgende Karte: »Ich hoffe, das Buch ist fast fertig, so daß Du Dich etwas ausruhen kannst, und mach Dir keine Sorgen – das Nest bleibt nicht lange leer. Die Vögel mögen ausfliegen, doch sie kommen mit Würmern im Schnabel zurück.« Das letzte Wort hat Dorinda, die oben ihre Identitätsprobleme nach dem Auszug ihrer Kinder beschrieb. Dorinda hat den Schmerz überwunden:

> Endlich fühle ich mich wie eine ganze Person. Ich habe die Kontrolle über meine eigene Zukunft. Mein ganzes Leben lang fühlte ich mich unfähig zu allem außer der Mutterrolle und hielt mich aus Angst vor dem Versagen zurück. Ich möchte mich einmal mit einem Flugzeug vergleichen – ich habe alle Kraft und Technologie, die zum Fliegen gebraucht wird, doch ich habe mein ganzes Leben damit verbracht, die Startbahn vor- und zurückzurollen, aus Angst vor einem Absturz. Jetzt endlich habe ich abgehoben, und der Horizont ist grenzenlos. Erst eine Frau, dann eine Mutter – dies alles und den Himmel dazu.

Kinder, Kinder,...

Verena Kast
Loslassen und sich selber finden
Die Ablösung von den Kindern
Band 4910
Sich loslassen und sich als Erwachsene neu begegnen. Phasen und Chancen im Ablösungsprozeß von den Kindern.

Eva Simon
Wenn die Kinder aus dem Haus gehen
Wie Eltern und Kinder sich abnabeln
Band 4771
Witzige, treffende, tiefsinnige Geschichten aus dem wahren Leben und weiterführende Kommentare einer betroffenen Mutter und erfahrenen Pädagogin.

Allan Guggenbühl
Pubertät – echt ätzend
Gemeinsam durch die schwierigen Jahre
Band 5513
Der erfahrene Jugendlichen-psychotherapeut macht Eltern Mut: sie müssen nicht alles regeln und im Griff haben.
Eine Orientierungshilfe für Eltern heranwachsender Kinder.

Marianne Arlt
Welt, ich komme! Der Pubertät 2. Teil
Tagebuch einer entnervten Mutter
Band 4411
In der 2. Hälfte der Pubertät geht es erst richtig los. Da hilft nur eins: Raus mit den Kids! Denn draußen pulst das wahre Leben, hart, aber gerecht.

Marianne Arlt
Pubertät ist, wenn die Eltern schwierig werden
Tagebuch einer betroffenen Mutter
HERDER spektrumBand 4100
Wenn Kinder „in die Jahre kommen", ist der Familienfrieden dahin. Marianne Arlt erzählt von heftigen Erfahrungen und wie man trotzdem ganz gut mit ihnen leben kann.

HERDER spektrum

Karin Lichtenauer (Hrsg.)
Weil Mütter ganz besonders sind
Geschichten aus dem wahren Leben
Band 4795

Alltag und Außergewöhnliches zwischen Müttern und Kindern, Liebesbeweise, Abgrenzungen und lebenslange Zuneigung: Ein fröhliches und liebenswertes Buch über eine ganz besondere Beziehung.

Trish Magee
Das Geheimnis glücklicher Eltern
52 Tips, um eine glückliche Familie zu sein
Band 4732

Wunderbare praktische Weisheiten für den Familienalltag – Trish Magee macht Lust, das Positive zu entdecken.

Karin Meinert
Weil's bei Mama so bequem ist
Wie man Nesthocker los wird, bevor es zu spät ist
Band 4600

Warum es allen gut tut, wenn Nesthocker endlich flügge werden und wie man sie erfolgreich dazu bringt, zeigt dieses witzige und praktische Buch.

Heidi Gidion
Und ich soll immer alles verstehen ...
Auf den Spuren von Müttern und Töchtern
Band 4214

Die vielen Nuancen der Mutter-Tochter-Beziehung, mit psychologischem Spürsinn erschlossen anhand von Texten großer Dichterinnen.

Gisela Steineckert
Aus der Reihe tanzen
Ach Mama! Ach Tochter!
Band 4147

Gisela Steineckert spürt der besonderen Beziehung von Frauen nach. Ein engagiertes Stück Literatur gegen jede Form von Anpassung.

HERDER spektrum